Guía completa para tocar guitarra blues

Libro 2: Fraseo melódico

Publicado por **www.fundamental-changes.com**

ISBN: 978-1-910403-72-3

Contenido

Obtén el audio

Los archivos de audio de este libro se pueden descargar de forma gratuita en **www.fundamental-changes.com** y el enlace se encuentra en la esquina superior derecha. Sólo tienes que seleccionar el título de este libro en el menú desplegable y seguir las instrucciones para obtener el audio.

Te recomendamos descargar los archivos directamente a tu computador, no a tu tableta, y extraerlos allí antes de añadirlos a tu biblioteca multimedia. Luego, ya puedes ponerlos en tu tableta, iPod o grabarlos en un CD. En la página de descarga hay un archivo de ayuda en PDF y también ofrecemos soporte técnico a través del formulario de contacto.

Kindle/eReaders

Para sacarle el mayor provecho a este libro, recuerda que puedes pulsar dos veces cualquier imagen para verla más grande. Apaga la "visualización en columna" y mantén tu Kindle en modo horizontal.

Sé social

Twitter: @guitar_joseph
FB: FundamentalChanges InGuitar
Instagram: FundamentalChanges

**Para ver más de 250 lecciones de guitarra gratuitas con videos visita
www.fundamental-changes.com**

Otros libros de Fundamental Changes

Guía completa para tocar guitarra blues - Libro 1: Guitarra rítmica

Guía completa para tocar guitarra blues - Libro 3: Más allá de las pentatónicas

Guía completa para tocar guitarra blues - Compilación

El sistema CAGED y 100 licks para guitarra blues

Cambios fundamentales en guitarra jazz: ii V I mayor

Dominio del ii V menor para guitarra jazz

Solos de jazz blues para guitarra

Escalas de guitarra en contexto

Acordes de guitarra en contexto - Parte 1

Dominio de los acordes en guitarra jazz (Acordes de guitarra en contexto - Parte 2)

Técnica completa para guitarra moderna

Dominio de la guitarra funk

Teoría, técnica y escalas - Compilación completa para guitarra

Dominio de la lectura a primera vista para guitarra

El sistema CAGED y 100 licks para guitarra rock

Guía práctica de la teoría musical moderna para guitarristas

Lecciones de guitarra para principiantes: Guía esencial

Solos en tonos de acorde para guitarra jazz

Guitarra rítmica en el heavy metal

Guitarra líder en el heavy metal

Solos pentatónicos exóticos para guitarra

Continuidad armónica en guitarra jazz

Solos en jazz - Compilación completa

Compilación de acordes para guitarra jazz

Fingerstyle en la guitarra blues

Solos en rock melódico para guitarra

Pop y rock para ukulele: Rasgueo

Introducción

El segundo libro de esta serie sobre la interpretación de la guitarra blues se centra en las ideas, los conceptos musicales y las técnicas más importantes que tendrás que desarrollar con el fin de convertirte en un solista de guitarra blues equilibrado, competente y *expresivo*.

Este libro no es simplemente una lista de *Los cien licks de blues más importantes* u otro *Toca al estilo de...*

Aunque no descarto la utilidad de títulos como esos, lo que pretendo hacer en este libro es profundizar en los conceptos de ritmo, fraseo, sensación y melodía; los cuales te llevarán a un nuevo nivel en tu interpretación.

La idea no es simplemente enseñarte a tocar y reproducir mecánicamente licks de blues; quiero enseñarte a tener el control de cada nota que tocas. El objetivo no es tocar 100 licks de blues diferentes, sino ser capaz de tocar un lick de blues de 100 maneras diferentes.

Si escuchas a tus intérpretes favoritos con *mucha* atención, comenzarás a notar que hay licks "madre" similares que reaparecen a lo largo de sus solos. La razón de que esto no sea inmediatamente obvio es que estos intérpretes son maestros de la manipulación de su fraseo, ritmo y sensación.

Al pensar en tus solos de guitarra en términos de ritmo y fraseo nunca te quedarás sin ideas melódicas. Nunca tendrás que preocuparte por olvidar tus líneas o por ser capaz de interpretarlas en vivo en el escenario. Tu conexión musical con tu guitarra se profundizará y desarrollarás rápidamente la capacidad de expresarte a través de ella, en lugar de tener que pasar por la situación común de "perseguir a los licks" por todo el diapasón.

Cuando les presento los conceptos contenidos en este libro a mis estudiantes privados, a menudo hay un importante cambio de paradigma. Ellos tienden a empezar a pensar en la música en términos de "colocación de notas" en lugar de pensar en las propias notas específicas. Por supuesto, la melodía y la selección de notas *son* importantes, pero si tenemos en cuenta que todos tenemos las *mismas* 12 notas disponibles, la única conclusión lógica es que son el ritmo, el fraseo, la dinámica y la articulación los que nos diferencian de los otros intérpretes.

Esto es aún más cierto en un solo de guitarra blues, en el que podemos estar tocando sólo 5 o 6 tonos diferentes. El asunto se trata en gran medida de *cuándo* tocas; y no de *qué* tocas.

Si estás buscando un libro lleno de licks de blues, ¡no te desesperes! La primera parte de este libro se centra en algunos de los conceptos básicos importantes de la guitarra blues, ayudando a llevarte hacia el sonido de cada escala importante que utilizamos en el blues. De hecho, hay más de 100 licks de blues únicos contenidos en estas páginas, repartidos en las 5 formas más utilizadas para cada escala que cubrimos. Es importante tener el sonido del lenguaje en la cabeza antes de empezar a experimentar con los conceptos de ritmo y fraseo descritos más adelante en el libro.

Si necesitas más licks de guitarra blues, mi libro *El Sistema CAGED y 100 licks para guitarra blues* te enseñará un sistema completo para aprender guitarra, mientras que te da 100 licks de blues para que utilices.

Lo que espero obtener con este libro es una guía que sea adecuada para principiantes, pero también para el guitarrista intermedio y avanzando. Yo uso un sistema que se basa en un enfoque más rítmico y musical de la improvisación, en lugar de uno simplemente basado en copiar licks.

Si has estado tocando durante un tiempo, quizás desees omitir algunas de las introducciones a las escalas y saltar directamente a algunas de las secciones de ritmo y fraseo más apropiadas. Sin embargo, sugeriría que leas las partes que sientas que ya conoces. Es posible que haya algún lick, truco o incluso un sistema mental entero que marque una diferencia sutil o intrínseca en tu interpretación.

Como siempre en mis libros, todos los ejemplos con notación están disponibles para descarga gratuita desde **www.fundamental-changes.com/audio-downloads**. Gracias a mi profesor Pete Sklaroff por grabarlos tan musical y profesionalmente.

Espero que este libro influya de manera positiva en tu interpretación. Algunos de los ejercicios rítmicos pueden ser difíciles al principio, pero escucha los ejemplos de audio detenidamente y lo lograrás. Hoy en día, el ritmo y el fraseo constituyen aproximadamente el 70% de mi tiempo de práctica y me hubiera gustado conocer las ideas de este libro hace mucho tiempo.

Para una introducción más completa a las raíces del blues, echa un vistazo al libro 1 de esta serie, *Guía completa para tocar guitarra blues-Libro 1: Guitarra rítmica*, donde doy muchos más antecedentes sobre las raíces del blues y algo de música esencial.

Otra razón por la que recomiendo tener una copia del libro 1 en tu poder es que el libro 2 no da una enorme cantidad de detalles acerca de los acordes de las progresiones de blues *sobre* las cuales estamos haciendo los solos. La estructura del blues de 12 compases se da por entendida, y es cubierta con meticuloso detalle en el libro 1.

Si sabes cómo funciona un blues de 12 compases obtendrás una gran comprensión de los componentes básicos de los solos de la guitarra blues de este libro. Si no es así, sugiero que te familiarices con esta progresión de acordes esencial, ya sea a través de la *Guía completa para tocar guitarra blues: Libro 1* o a través de la gran cantidad de recursos gratuitos de aprendizaje en internet.

Como siempre, ¡diviértete!

Joseph Alexander

Todas las descargas de audio de este libro están disponibles en

www.fundamental-changes.com/audio-downloads

Capítulo 1: Conceptos básicos de los solos de guitarra blues

El lenguaje melódico del blues se origina a partir de los "spirituals", las canciones de trabajo y los gritos de campo cantados por los afroamericanos en la era del cautiverio y en los años que siguieron a la emancipación. Como resultado, el blues es rico en ritmo, armonía, melodía y fraseo afroamericano. Una de las estructuras melódicas más importantes que conserva un fuerte vínculo con aquel tiempo es la interpretación de "llamada y respuesta" o antifonía, en la que se canta una "pregunta" musical y luego es contestada por diferentes voces.

Cuando los musicólogos "formalizaron" e incorporaron las melodías que habían transcrito al pensamiento musical occidental tradicional (teoría clásica), descubrieron que muchas de las melodías se formaban a partir de tan sólo 5 notas. El término "pentatónica" se refiere a una escala que utiliza 5 notas para dividir la octava.

Penta=cinco,
Tónica=tonos.

Además de esta escala pentatónica *menor*, se dieron cuenta de que los cantantes también utilizaban a menudo sus voces para deslizarse y hacer una inflexión fluidamente desde una nota hacia otra. Si estás leyendo en un eReader, echa un vistazo a este increíble videoclip corto de un **coro de góspel de la época**; si no, busca: "Early African American Spiritual Gospel Choir", subido por *Patterickcoati*.

Esta música *puede* provenir de una época diferente, pero escuchar el sonido de las raíces del blues nos ayuda a comprender el lenguaje de la música que tocamos hoy. Es por esto que nuestra elección de escalas, uso de bending, vibrato y deslizamientos es tan importante; estos sonidos son la esencia del blues y forman la base de prácticamente toda la música moderna.

La escala pentatónica menor

Vamos a empezar por descomponer el lenguaje del blues en un alfabeto simple: la escala pentatónica menor. En la tonalidad de A podemos tocar la escala pentatónica menor como sigue:

Ejemplo 1a:

A Minor Pentatonic
Shape 1

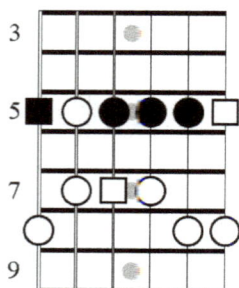

A MINOR PENTATONIC SHAPE 1

Las notas coloreadas u oscuras en el diagrama de la escala forman un acorde de 7ma menor. Es una buena idea aprender una forma de acorde junto con cada forma de escala para ayudarte a memorizarla. A lo largo de este libro, cada forma de escala tendrá un acorde mostrado dentro de ella. Piensa en esto como un acorde "ancla" para ayudarte a organizar tus ideas. Para más detalles sobre cómo utilizar acordes para dividir el diapasón, echa un vistazo a mi libro *El sistema CAGED y 100 licks para guitarra blues*.

Esta primera forma (hay cinco para aprender en total) de la escala pentatónica menor es una de las formas de escala más comunes que se utilizan por los guitarristas. Es el punto de partida melódico para miles de guitarristas que están aprendiendo a hacer solos, y puede que ya estés familiarizado con ella. Nosotros, por supuesto, iremos más allá de esta forma y accederemos a otras áreas del diapasón de la guitarra, pero por ahora aprende su patrón por completo.

Comienza tocando esta forma de escala de manera ascendente y descendente, y prueba estos patrones melódicos para lograr percibir el sonido de la escala.

Ejemplo 1b:

Ejemplo 1c:

Toca estos patrones hacia adelante y hacia atrás.

Al igual que el sólo hecho de aprender un alfabeto nuevo no nos habilita automáticamente para hablar un idioma extranjero, puede que tengas dificultades para escuchar "el blues" en los ejemplos anteriores. Después de todo, sólo estamos tocando algunos patrones de escala. Lo que necesitamos son algunas frases reales y una idea de la *estructura* del idioma para ayudarnos a aprender cómo funciona.

La primera cosa a tener en cuenta es que los dos ejemplos anteriores fueron escritos en tiempo de 4/4. Como aprendiste en el libro 1, las notas en 4/4 tienden a dividirse de manera *uniforme* en grupos de dos y de cuatro. Vamos a discutir el ritmo con *mucho* mayor detalle más adelante, pero por ahora es suficiente con decir que la mayoría del blues no se toca con una sensación de ritmo uniforme.

La mayoría del blues que escucharás se toca en tiempo de *tresillo*.

En otras palabras, a lo largo de esta pieza musical podemos contar:

1 2 3 1 2 3 1 2 3 1 2 3

Esto se conoce como un tiempo de 12/8, pues hay 12 notas de 1/8 (corcheas) en cada compás. En cada uno de los cuatro pulsos se agrupan tres corcheas.

Tocar la escala pentatónica con esta sensación de tresillo automáticamente suena un poco más a blues. Puedes oír esto al tocar el **ejemplo 1d:**

Trata de poner un ligero acento en la primera nota de cada grupo de tres (mostrada entre paréntesis).

Intenta tocar la escala pentatónica menor con esta sensación de tresillo sobre la *pista de acompañamiento 1*. Empezarás a escuchar que tu interpretación se vuelve un poco más blues.

Licks sencillos de pentatónica menor para guitarra de blues

Tocar una escala hacia arriba y hacia abajo de esta manera es poco más que recitar un alfabeto. Podemos organizar estas *letras* en *palabras* y *frases* cortas que comiencen a tener sentido para el oyente. Toca los siguientes ejemplos y pruébalos con la pista de acompañamiento 1 cuando te sientas seguro.

Ejemplo 1e:

Ejemplo 1f:

Ejemplo 1g:

Estos primeros ejemplos no contienen nada relacionado con las marcas de fraseo, los bends, los deslizamientos o cualquiera de los otros matices que utilizamos para hacer que la música suene vocal y viva. Son simplemente algunas líneas melódicas fuertes que empiezan a meternos en el estadio del idioma del blues y, al tocarlas, comenzarás a entrenar tus oídos y tus dedos para encontrar formas melódicas en el diapasón.

Introducción a los bends

Ahora vamos a ver cómo podemos aplicar bends a las notas para imitar el sonido de un cantante de blues. Los bends del blues son una de las técnicas más importantes que podemos utilizar para sonar auténticos en la guitarra.

Tal vez recuerdes del libro 1 que los acordes tocados en la parte de la guitarra rítmica de un blues normalmente son de 7ma dominante. Estos acordes son una clase especial de acorde mayor y contienen una *3ra mayor* que define el sonido mayor o "feliz". La escala que hemos utilizado para crear nuestras líneas melódicas es la escala pentatónica *menor*. Ésta contiene un intervalo b3 (tercera bemol) que define su sonido menor o "triste". Esto se puede ver claramente en la guitarra cuando visualizas un acorde de 7ma dominante junto a la escala pentatónica menor.

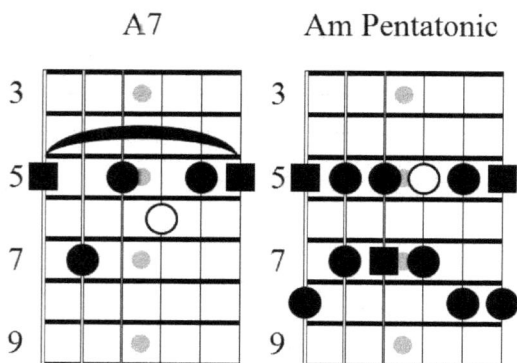

Mira la nota sobre la tercera cuerda, sexto traste en el diagrama de A7. Observa que es diferente de la nota en la escala de A pentatónica menor en la tercera cuerda, *quinto* traste. Estas dos notas, que están a un semitono de distancia (C# y C), tenderán a chocar y muchos músicos clásicos dirían que esto no es deseable. Ciertamente, no es el mejor sonido si sólo te "asientas" en la 3ra menor y no manipulas la nota de ninguna manera. Puedes escuchar un b3 contra la 3ra mayor en el **ejemplo 1h:**

¡Espero que puedas escuchar que este no es el mejor sonido del mundo!

La respuesta a este problema es darle a la 3ra menor (C) una pequeña inflexión hacia arriba, hacia la 3ra mayor (C#).

Para lograr esto, utiliza tu 1er dedo para hacer el bend en la cuerda hacia el suelo, elevando ligeramente su tono. Normalmente ubico mi dedo pulgar en la parte superior del diapasón para proporcionar fuerza, apalancamiento y apoyo.

Si bien este no es un libro de técnica, he incluido algunos ejercicios útiles de entonación de bends en el apéndice A.

Cuando añadimos bends al ejercicio anterior, podemos vislumbrar el sonido de la guitarra blues. No te preocupes demasiado si no tienes la fuerza en tu dedo índice para llevar el bend hasta C#. A menudo, cuando aplicamos el bend en esta nota no elevamos el C hasta el C# de todos modos. Se puede obtener bastante diversión viendo la cantidad de diferentes microtonos que podemos encontrar entre el b3 y la 3ra mayor.

Escucha con atención el **ejercicio 1i**, que muestra a la 3ra menor siendo llevada por medio del bend hasta la 3ra mayor.

Ejemplo 1i:

Ahora compara el ejemplo 1i con el **ejemplo 1j** donde no necesariamente se lleva hasta el C#.

Como ya lo he mencionado, vamos a hablar mucho más sobre las sutilezas de este tipo de matiz en un capítulo posterior, pero por ahora es bueno tener en cuenta que podemos darle a la 3ra menor sólo un pequeño empujón hacia el territorio de la 3ra mayor. Aplicar el bend ligeramente a una nota de esta manera a menudo se denomina *"rizo" (curl)*.

Ahora vamos a ver otros bends comunes que se producen en la guitarra blues antes de incorporarlos en licks de blues útiles.

Podemos hacer el bend desde la 4ta de la escala de A pentatónica menor (D) hacia el b5 (Eb) o la 5ta natural (E).

La nota "b5" (Eb) a menudo es llamada "nota de blues", ya que es muy común en el sonido del blues. De hecho, hay una escala llamada "escala de blues", que vamos a aprender más adelante. La escala de blues es simplemente la escala pentatónica menor con la adición de la nota b5.

Comienza practicando el bend desde la 4ta hasta la b5ta (bend de semitono) y luego haz el bend desde la 4ta hasta la 5ta natural (bend de tono entero).

Usa tu 3er dedo para hacer el bend en la nota D y dale soporte al 3er dedo con tus dedos 1ro y 2do puestos detrás de él sobre la cuerda para darle fuerza adicional. Trata de estar absolutamente en sintonía con los ejemplos de audio grabados.

Ejemplo 1k (a y b):

Por último, otro bend común es del b7 (G) a la fundamental (A). Practica la ejecución de este bend con el 3er dedo y luego con el 4to dedo. Una vez más, proporciona apoyo para el bend ubicando los dedos libres sobre la cuerda, detrás de la nota tocada. Esto brindará fuerza, precisión y control.

Ejemplo 1l:

Con el bend de la b7 a la fundamental, es esencial que trabajes mucho para desarrollar tu precisión. La fundamental de la escala es una nota tan fuerte que un bend impreciso aquí sonará terrible.

Para ayudarte a aumentar tu precisión, practica los ejercicios del apéndice A en la página 97.

Hay otros lugares de esta escala en donde los bends son eficaces. Experimenta trabajando con la escala y trata de aplicar el bend a cada nota a su vez.

Ahora que hemos estudiado algunos bends importantes en la escala pentatónica menor, vamos a empezar a incorporarlos en licks de guitarra blues útiles en la siguiente sección.

Uso de los bends en los licks de blues

Las siguientes líneas pentatónicas menores son rítmicamente sencillas e incorporan notas con bend. Recuerda *siempre* respaldar la nota a la cual se aplica el bend con cualquier dedo libre y escuchar cuidadosamente para asegurarte de que tu bend esté afinado.

Hay muchas maneras diferentes para frasear un bend: lento, rápido, inmediato, retardado o gradual. Vamos a discutir estas ideas cuando entremos en el *fraseo* en el capítulo 3. Por ahora, haz tu mejor esfuerzo para coincidir exactamente con el fraseo de la pista de audio.

Ejemplos 1m - 1p:

Recuerda mantener una sensación de "1 2 3 1 2 3" estricta en estas líneas al principio. Apréndelas sincronizando tu interpretación con los ejemplos de audio grabados antes de tocar contra la pista de acompañamiento 1. Una vez que las hayas aprendido por completo, no te preocupes por ceñirte a los tiempos exactos escritos aquí, aprópialos variando los ritmos y las longitudes de las frases. El capítulo 3 te dará muchas ideas sobre cómo puedes comenzar a alterar los licks para que se adapten a tu propio gusto y sensación personal.

Con suerte podrás ver que sólo mediante la adición de estos bends, la escala pentatónica se llena de posibilidades melódicas de blues. Las notas con bend son una parte intrínseca y vital del sonido de la guitarra (y vocal) del blues y sin ellas a menudo nos quedamos simplemente tocando escalas.

Deslizamientos dentro y fuera de los licks de blues

Continuando con el tema de imitar la voz humana, pensemos por un minuto acerca de cómo nuestros cuerpos crean un sonido vocal. Di la sílaba "ja" en voz alta. Presta especial atención a la forma en que la primera "j" se forma en la garganta y la laringe. ¿Puedes oír y sentir el ruido "velado" en la garganta antes de que tus cuerdas vocales se involucren y el sonido "ja" se desarrolle en la garganta?

Esta pequeña introducción a un sonido vocal puede ser replicada en una guitarra mediante el deslizamiento hacia la primera nota de cualquier frase. Una línea diagonal antes del inicio de una frase indica que se debe comenzar una frase con un deslizamiento. Sin embargo, en la práctica rara vez aparece en la notación, ya que pronto adoptarás el hábito de deslizarte hacia la mayoría de tus frases melódicas.

Compara lo siguiente.

Ejemplos 1q y 1r:

El ejemplo 1q se toca "plano" mientras que el ejemplo 1r está precedido por un deslizamiento con nota de adorno hacia la primera nota de la frase. Utiliza el tercer dedo para tocar este deslizamiento para que estés en posición de poder ejecutar el resto de este lick.

¿El sonido de cuál línea prefieres más? En mi opinión, la segunda línea tiene mucha más calidad vocal y contiene más energía y fluidez.

En el ejemplo 1r empiezo el deslizamiento desde el 3er traste; sin embargo, el punto de partida del deslizamiento no es tan importante. Trata de comenzar el deslizamiento desde el 1er o el 6to traste. También trata de mover el dedo lentamente o rápidamente hasta arriba en el diapasón.

Puedes obtener algunos resultados muy interesantes simplemente tocando el deslizamiento de diferentes maneras. Si deslizas lentamente, tendrás que iniciar el movimiento un poco antes para que siempre llegues a la nota de destino en el primer pulso del compás.

Si te sientes valiente, trata de añadir un deslizamiento con nota de adorno hacia la nota final de la frase. Tendrás que ser rápido, pero esta es una gran manera de hacer hincapié en el salto melódico en la melodía.

Es igualmente posible deslizar hacia una nota desde *arriba* de la misma manera.

Escucha con atención el siguiente ejemplo en el que deslizo hacia la nota D en el inicio de la línea. Esto es un poco más difícil técnicamente pero genera grandes resultados. Al igual que antes, la prioridad debería ser asegurarse de que la primera nota de la frase caiga a tiempo en el primer pulso del compás.

Ejemplo 1s:

Una vez más, trata de deslizar desde diferentes distancias hacia la primera nota de la frase.

Ahora vamos a combinar un deslizamiento descendente con un deslizamiento ascendente usando el ejemplo anterior.

Ejemplo 1t:

En el ejemplo 1t deslizo hacia la segunda mitad de la frase desde un semitono más abajo, insinuando la "nota de blues" descrita anteriormente, pero puedes deslizar desde cualquier lugar que desees.

A menudo este tipo de deslizamientos no aparece en la notación, ya que normalmente son difíciles de definir musicalmente, pero deberías adquirir el hábito de usarlos a menudo en tu interpretación.

Volvamos por un momento a la analogía de hablar.

Nuestra voz no se apaga en el instante en que se cierra la boca. Siempre va a haber una especie de declinación natural de nuestra voz. Di "ja" en voz alta de nuevo y esta vez escucha con atención el final de la nota. Puede ser difícil de escuchar, pero habrá un poco de reverberación natural (eco) de tu voz mientras los sonidos rebotan alrededor de las superficies que te rodean. A medida que el sonido se absorbe por estas superficies, pierde energía y poco a poco (o rápidamente) se desvanece.

Si se te dificulta oír esto, imagina que estás en una gran sala de conciertos vacía. ¿Cómo suena tu "ja" ahora? ¿Y en una cueva o un desierto?

Los buenos cantantes mejoran este tipo de declinación y añaden *vibrato* a sus voces mediante el control de sus diafragmas. Si vamos a aprender a tocar con las cualidades vocales de un cantante es importante que aprendamos a recrear este fenómeno en la guitarra.

Podemos dividir este decaimiento del sonido en dos áreas distintas: *deslizamiento fuera de las frases y vibrato*.

Vamos a empezar con la más fácil de las dos áreas: el deslizamiento fuera de las frases. Esta técnica es, como era de esperar, exactamente lo contrario a deslizarse hacia las notas que acabamos de estudiar. Sólo tenemos que añadir un deslizamiento descendente a la nota final de la frase.

Aquí esta el ejemplo 1t de nuevo, pero esta vez con el deslizamiento añadido al final.

Ejemplo 1u:

Observa que no hay ninguna indicación de en dónde deberías terminar este deslizamiento. Frecuentemente termina alrededor del 1er traste, pero no hay reglas estrictas sobre esto. Para finalizar el movimiento descendente, practica liberando la presión del dedo a medida que llegas al final del deslizamiento, pero no dejes que tu dedo pierda contacto con la cuerda de la guitarra cuando pares. Esto evitará que suene la cuerda al aire que podría estar fuera de la tonalidad de la canción.

Una vez más, tienes algunas opciones interesantes para la creatividad aquí. ¿Cuánto tiempo vas a dejar sonar la nota final antes de deslizarte fuera de ella? ¿Con qué rapidez vas a deslizar fuera de la nota? Si lo haces demasiado lento se podrían escuchar los trastes individuales sonando mientras te mueves, y si es demasiado rápido corres el riesgo de sonar agitado y descontrolado.

Trata de tomar los licks que aprendiste anteriormente y practica deslizándote dentro y fuera de ellos. Idea frases cortas utilizando la escala pentatónica menor y trata de mantener tu mano del diapasón moviéndose en forma circular mientras deslizas hacia adentro y afuera de cada línea. Puedes utilizar deslizamientos grandes, pequeños, rápidos y lentos, y añadirlos en medio de las frases, ya sean ascendentes *o* descendentes. Trata de usar la sutileza y la gracia, y luego hazlo en exceso deslizando dentro o fuera de *cada* nota. ¡No te preocupes por tocar dentro del tiempo! Con suficiente experimentación encontrarás una manera de apropiarte de estas técnicas y de desarrollar tu propia voz única al tocar la guitarra blues.

El vibrato

Ahora pasamos a la más difícil de las dos técnicas que utilizamos para terminar una frase: el vibrato. Esta es una técnica que la mayoría de los guitarristas nunca deja de practicar. Se necesita tiempo para desarrollar la fuerza, el control, el ritmo y la sutileza que se requieren para tocar un buen vibrato, por lo que es mejor empezar temprano en tu carrera como guitarra solista.

El vibrato es esencialmente añadir una "oscilación" al final de cada frase. Es una cualidad extremadamente vocal y, en mi opinión, puede ser uno de los principales factores que separan a un guitarrista "bueno" de uno muy bueno.

Para añadir vibrato a una nota movemos rápidamente la cuerda hacia arriba y hacia abajo en una serie de muchos bends rápidos. Cuanto más lejos lleguen los bends de la nota, más amplio y más pronunciado será el vibrato.

Escucha el **ejemplo 1v**. En la parte A, la nota C se mantiene durante dos pulsos antes de añadir un pequeño y sutil vibrato hasta el final de la nota. En la parte B, la nota se mantiene nuevamente por dos pulsos, pero luego se añade un vibrato más amplio y evidente.

Ejemplo 1v:

La técnica para la ejecución de un vibrato controlado puede ser bastante complicada, y por esta razón los ejercicios se incluyen en el apéndice B en la página 102. La idea básica es tratar de tocar el vibrato con el *lado* de la yema del dedo; no con la punta.

Añadiendo incluso un vibrato reducido y sutil al final de una frase podemos hacer la melodía mucho más lírica y fluida.

Aquí está el ejemplo 1u de nuevo, pero esta vez he añadido un vibrato suave al final de la frase.

Ejemplo 1w:

Todo lo que tenemos que hacer ahora es añadir el deslizamiento hacia afuera en la última nota y la frase queda completa.

Ejemplo 1x:

Para darte una idea de cuán lejos hemos llegado, escucha primero la frase anterior sin técnicas expresivas o bends, y luego escucha la frase con todas las articulaciones añadidas. Espero que estés de acuerdo en que la diferencia es enorme. Inténtalo tu mismo con la pista de acompañamiento 1. **Ejemplo 1y:**

El deslizamiento y el vibrato no son sólo para el inicio y el final de las frases; podrías, y deberías, utilizarlos también en *medio* de los licks de blues como se muestra en el siguiente ejemplo.

Ejemplo 1z:

Escucha con mucha atención el ejemplo de audio para captar los matices de esta frase. Los puntos de partida de los deslizamientos (entre paréntesis) son sólo sugerencias, así que puedes utilizar cualquier distancia que creas correcta para hacer que la línea fluya. Prueba esta línea con la pista de acompañamiento de blues lento y combínala con los otros licks de este capítulo para hacer un solo corto.

Trabaja en el apéndice B también para ayudarte a desarrollar el control de tu vibrato y para más información echa un vistazo a mi libro Técnica completa para guitarra moderna.

Puede parecer que estoy haciendo mucho énfasis en el concepto de articulación aquí, especialmente tan al comienzo del libro, pero la verdad es que estas técnicas y enfoques aplicados solo a unas pocas notas *son* la diferencia entre tocar escalas y tocar música. Practica variando los deslizamientos (glissandos) y el vibrato en cada frase que aprendas. Dale importancia a experimentar con estas ideas tanto como sea posible y desarrollarás *rápidamente* tu propia voz.

Capítulo 2: Divisiones rítmicas

En la introducción a este libro hablé de cómo todos los músicos tienen acceso a las mismas 12 notas, pero que es *cómo* y *cuándo* las tocamos lo que nos diferencia al uno del otro. Si no queremos ser el tipo de solista de blues que solo toca mecánicamente un lick tras otro, es indispensable que aprendamos a comprender y a controlar el contenido rítmico de nuestra interpretación.

Cuando somos capaces de manipular y alterar nuestro fraseo rítmico a voluntad, ese es el punto en el que podemos dejar de aprender los fundamentos de la lengua y empezar a contar nuestra propia historia. En este capítulo vamos a repasar los elementos básicos del ritmo y a aprender cómo podemos utilizar estos elementos para crear la estructura de un solo y desarrollar nuestro contenido *melódico*.

Corcheas en 12/8

Hasta ahora en este libro, los ejemplos y los licks que hemos estudiado han sido bastante sencillos en cuanto a su contenido rítmico. En este capítulo vamos a aprender cómo subdividir estos ritmos básicos para generar una cantidad casi infinita de diferentes frases de blues.

Mencioné en la página 9 que la mayoría de las canciones de blues están escritas con la fórmula de compás de 12/8. Revisemos qué significa esto exactamente.

En los términos más sencillos posibles, el tiempo de 12/8 nos dice que hay *cuatro pulsos en cada compás* y que cada uno de estos cuatro pulsos o tiempos *se parte en tres subdivisiones*. Esto se puede ver en el diagrama siguiente.

Ejemplo 2a:

Escucha la pista de acompañamiento 1 y cuenta en voz alta "**uno** y un **dos** y un **tres** y un *cuat* y un" de principio a fin. Toca una escala de A pentatónica menor ascendente al tiempo con la pista y *acentúa* la primera de cada grupo de tres notas. Si no estás seguro de cómo se siente esto, vuelve atrás y escucha el ejemplo 1d.

Debido a que hay *tres* corcheas por cada pulso principal del compás, a los 12/8 a menudo se les conoce como una *sensación de tresillo*. Es extremadamente importante que comprendas esto porque cuando estamos haciendo solos normalmente queremos "encajar" con el resto de la banda.

Como cada pulso principal de un compás de 12/8 contiene *tres* corcheas en lugar de las dos que normalmente se verían en un 4/4, un solo pulso de música en 12/8 se escribe como una nota negra con *puntillo*. Esto se muestra en el primer compás del ejemplo 2a. Para tener una idea de este tipo de división del tiempo, intenta este sencillo lick que combina negras con corcheas.

Ejemplo 2b:

Comienza enfocándote sólo en la precisión rítmica, pero trata de repetir el ejemplo añadiendo los deslizamientos, los rizos y el vibrato que aprendiste en el capítulo anterior.

La mayoría de los licks del capítulo 1 utilizaban este tipo de combinación de negras con corcheas para crear frases cortas, pero ¿qué sucede si queremos cambiar la velocidad y tocar un poco más rápido?

Semicorcheas en 12/8

Para acceder a un nivel rítmico nuevo y más rápido podemos dividir cada corchea en dos y, por tanto, duplicar la cantidad de notas que tocamos en cada compás. Ahora hemos accedido al nivel rítmico de *semicorcheas*.

Esto se muestra en el **ejemplo 2c:**

Observa que la *1ra, 3ra* y *5ta* semicorcheas de cada pulso se alinean perfectamente con la corchea por encima de ella.

Intenta ascender y descender la escala pentatónica menor usando esta subdivisión, como se muestra en el siguiente ejemplo.

Ejemplo 2d:

1 & 2 & 3 & 2 & 2 & 3 & 3 & 2 & 3 & 4 & 2 & 3 &

Una forma muy útil para practicar este tipo de división de las notas es configurar el metrónomo a una velocidad muy rápida y oír el clic como la división de corcheas. Usar tu metrónomo de esta manera significa que cada *tres* clics son un pulso.

Configura tu metrónomo a 180 bpm (golpes por minuto). Debido a que el clic ahora está tocando las corcheas, esto es el equivalente a un tempo de 60 bpm

Con cada clic cuenta en voz alta "**uno** y un **dos** y un **tres** y un **cuat** y un", etc.

Ahora practica moviéndote entre un compás de corcheas y luego cambiando a un compás de semicorcheas contra el metrónomo. Comienza repitiendo sólo la misma nota, pero luego pasa a tocar ya sea la escala pentatónica completa o frases melódicas cortas.

Ejemplo 2e:

SINGLE NOTE

CLICK: 1 & A 2 & A 3 & A 4 & A   1 & A   2 & A   3 & A   4 & A

Ejemplo 2f:

En el ejemplo anterior no te preocupes demasiado por tocar las notas exactamente como están escritas; el principal desafío es cambiar entre las corcheas y las semicorcheas.

Por último, trata de cambiar entre corcheas y semicorcheas en cada pulso.

Ejemplo 2g:

Una vez más, en el ejemplo 2g no te preocupes por *cuáles* notas estás tocando, sólo asegúrate de estar cambiando las divisiones rítmicas cada pulso. Deja que tus dedos den un paseo por la escala pentatónica y acostúmbrate a *cambiar la velocidad* de esta manera.

Si estas divisiones son demasiado rápidas para ti, reduce la velocidad del metrónomo a 150. Recuerda que el metrónomo esta marcando las corcheas, *no el pulso,* como puede que estés acostumbrado. El tempo real es tres veces más lento que la velocidad del metrónomo. 180 bpm = 60 bpm y 150 bpm = 50 bpm.

Creación de melodías usando estructuras rítmicas

A pesar de que los pocos ejercicios anteriores pueden no haber sonado excepcionalmente a "blues" a tu parecer, las siguientes ideas pondrán estos ejercicios rítmicos en un contexto musical y te mostrarán que es extremadamente fácil empezar a construir tus propias frases de blues individuales.

Una vez que asimiles con precisión el cambio entre corcheas y semicorcheas, será el momento de empezar a combinar estas subdivisiones rítmicas en el espacio de un solo pulso.

Mira y escucha el siguiente ritmo:

Ejemplo 2h:

Las dos primeras divisiones del primer pulso son corcheas y la última división es de dos semicorcheas. Ten en cuenta que termino la frase con una nota de un pulso en el segundo pulso; esto es para darle al ritmo un sentido de terminación.

Reproduce la pista de acompañamiento 1 y toca el ritmo anterior por dos estribillos completos. Esto puede ser un poco más difícil de lo que imaginas, ya que se requiere un cierto grado de disciplina para no divagar y empezar a variar el ritmo de la frase.

A continuación, intenta crear algunas frases melódicas que se ciñan *con precisión* a este ritmo. Aquí hay algunos ejemplos:

Ejemplo 2i (a-d):

Observa que todos comienzan en el primer pulso del compás, terminan en el segundo pulso y son idénticas al ritmo mostrado anteriormente. Aunque estos licks están diseñados para "mostrarte el camino", el objetivo real es que puedas utilizar la escala de A pentatónica menor para crear *tus propias* líneas que se ciñan con precisión a este ritmo.

En otras palabras, cuando hayas desarrollado una *sensación* de este ritmo mediante el uso de los licks anteriores, quiero que improvises un solo sobre la pista de acompañamiento 1 usando **únicamente** el ritmo de la frase, pero alterando la melodía de las notas cada vez.

Utiliza la escala de A pentatónica menor como tu fuente de melodía, pero *no te desvíes de este ritmo*. Esto es en realidad mucho más difícil de lo que piensas, ya que el impulso de seguir tocando frases de respuesta en los espacios normalmente es bastante poderoso.

Comienza tu frase en el primer pulso de cada compás y *¡no toques en los espacios!*

El **ejemplo 2j** no aparece escrito aquí, pero muestra claramente cómo debería sonar este tipo de ejercicio.

Los pocos ejemplos anteriores se formaron duplicando la frecuencia de las notas en la 3ra división del pulso, es decir, tocamos dos semicorcheas en lugar de una corchea.

Podemos tocar dos semicorcheas en lugar de *cualquiera* de las corcheas en un pulso. Por ejemplo, nuestro ritmo podría ser el que se muestra en el ejemplo 2k (a), que a su vez nos daría frases como las de los ejemplos 2k (b-d).

No olvides añadir libremente los deslizamientos y el vibrato que discutimos en el capítulo 1 para hacer que estas líneas suenen vocales y musicales. **Ejemplo 2k (a-d):**

Una vez más, trata de improvisar un solo de 12 compases con la escala pentatónica menor pero siguiendo rígidamente la estructura rítmica anterior.

Cuando te sientas cómodo con el ritmo anterior, trata de duplicar la *primera* división del pulso como se muestra en **ejemplo 2l (a-d)**. Luego, intenta improvisar un solo más con este patrón rítmico planteado.

Ejemplo 21 (a-d):

Cuando improvises tus solos de blues siguiendo uno de los patrones rítmicos dados anteriormente, deberías comenzar a notar una gran *fuerza* en tus líneas melódicas.

Tus oídos se engancharán fácilmente con la estructura del patrón rítmico y te darás cuenta de que poco importa qué notas de la escala pentatónica utilices; todo lo que toques sonará musicalmente *ligado* como líneas de una misma gran historia.

Estas ideas rítmicas son evidentemente repetitivas y estaremos explicando detalladamente este concepto básico, pero espero que estés comenzando a ver el valor de abordar tus solos desde un punto de vista principalmente rítmico; al menos por un tiempo.

Hemos visto los siguientes tres fragmentos rítmicos:

y practicamos el uso de cada uno exclusivamente a través de un sencillo solo de guitarra blues.

Vamos a tratar de tomar cada una de las estructuras anteriores a su vez y utilizarlas para crear frases cortas *dos veces* en cada compás.

Tu solo puede sonar algo así como el siguiente ejemplo, pero recuerda que esto es sólo mi improvisación; tú puedes pasar muchas horas ideando nuevas melodías con sólo uno de estos fragmentos rítmicos. Recuerda utilizar todas las articulaciones del capítulo 1 para darle color a las líneas y ayudar a hacerlas melódicas.

Ejemplo 2m:

Toca solos completos de 12 compases con cada uno de los fragmentos rítmicos del ejemplo 2l. Trata de seguir estrictamente sólo una o sólo dos apariciones de la frase en cada compás.

Ahora trata de *mezclar* dos estructuras rítmicas. Puedes hacer esto comenzando con una sola frase en cada compás y luego pasando a dos frases por compás. Por ejemplo,

Ejemplo 2n (a-b):

¿Puedes escuchar que al mezclar las combinaciones rítmicas de esta manera comenzamos a desarrollar el fraseo de *llamada* y *respuesta* que se mencionó al comienzo del capítulo 1?

Pasa un tiempo de tu sesión de práctica combinando estos tres fragmentos rítmicos diferentes y variando la frecuencia con la que los tocas. Al hacer esto vas a *interiorizar* los ritmos, y éstos se convertirán en una parte inconsciente de tu enfoque de improvisación melódica.

Otros ritmos

Hasta ahora, hemos partido sólo *una* de las tres subdivisiones del pulso en semicorcheas. Podemos crear muchas otras permutaciones fraccionando *dos* de las divisiones en semicorcheas. Aquí están las posibilidades:

Ejemplo 2o:

Ya cubrimos el ritmo D en el ejemplo 2d, así que no lo veremos de nuevo aquí.

Aquí hay dos frases para ayudarte a escuchar cada uno de los ritmos A, B y C:

Ejemplo 2p (a-f):

Una vez más, estas frases melódicas sólo están aquí para ayudarte a escuchar los ritmos del ejemplo 2o.

Practica tomando *sólo uno* de los ritmos y haciendo solos *exclusivamente* con ese ritmo sobre la pista de acompañamiento 1.

Cíñete a ese ritmo y explora la escala pentatónica menor ideando tantas melodías diferentes como sea posible. Comienza tocando cada ritmo sólo una vez por compás y luego dos veces por compás.

Cuando sientas que has agotado todas las posibilidades[1], trata de combinar dos de los ritmos del ejemplo 2o de la misma manera.

---

[1] ¡No lo has hecho!

Por último, trata de combinar los tres ritmos en tu solo tocando primero una frase por compás y luego tocando dos frases por compás.

Construcción de líneas más largas

Vamos a recapitular brevemente todos los ritmos que hemos cubierto hasta ahora en este capítulo.

Cuando queremos construir frases melódicas más largas podemos simplemente combinar dos o más de estos ritmos.

El siguiente proceso puede parecer un poco "académico" en el papel; sin embargo, si te tomas el tiempo para aislar y construir melodías con cada uno de los ritmos de la sección anterior "Otros ritmos", deberías ser capaz de involucrarte rápidamente sin tener que gastar demasiado tiempo planeando tus licks de esta manera. Siempre deja que tu oído melódico te guíe.

Tratemos de combinar el ritmo F con el ritmo B. Para ayudarnos a obtener un sentido de finalización volveremos a terminar la frase sobre un pulso.

Ejemplo 2q (a-b):

¿Qué tal si combinamos los ritmos C y G?

Ejemplo 2r:

¿Por qué no probar los ritmos H y C juntos?

Ejemplo 2s:

Hemos cubierto sólo nueve ritmos comunes hasta el momento, lo que nos da más de 80 posibilidades de combinarlos en frases rítmicas únicas. Cuando tienes en cuenta que puedes elegir tocar *cualquier* nota en *cualquier* división rítmica, las posibilidades melódicas son casi infinitas, sobre todo cuando te das cuenta de que incluso puedes hacer frases más largas con sólo añadir otro ritmo.

La lección para llevarte de aquí es que muchas de las frases que escucharás y crearás estarán formadas sólo a partir de estos nueve "trozos" de ritmo básicos y manejables. Para hablar un idioma inconscientemente primero debes empezar a escuchar y entender algunos de sus elementos fundamentales; cuando todos estos ritmos estén interiorizados en tu conciencia melódica, ni siquiera tendrás que volver a pensar acerca de qué vas a tocar. El ritmo y el tono se combinarán naturalmente en solos melódicos fuertes y estructurados.

El silencio

Hemos descubierto muchas permutaciones posibles de los ritmos que podemos utilizar para construir frases interesantes y únicas en nuestros solos de guitarra; sin embargo, un factor extremadamente importante que no hemos considerado todavía es el silencio.

El uso de silencios nos permite ser realmente creativos con nuestro fraseo melódico simplemente omitiendo algunas notas.

Aquí están los principales valores de silencio a los que necesitamos estar atentos cuando se toca en 12/8.

Los silencios están escritos en la parte superior con sus correspondientes valores de notas escritos debajo.

Usando el ejemplo 2s como nuestro ejercicio de trabajo vamos a explorar lo que sucede cuando insertamos estos silencios a su vez en el primer pulso del compás.

Ejemplo 2t (a - f):

B - Whole Beat Rest

C - Two 1/8th note rests

D - One 1/8th note rest and one 1/16th note rest

E - One 1/18th Beat Rest

F - ONE 1/16TH NOTE REST

Como estoy seguro de que puedes escuchar, utilizar un silencio en lugar de tocar un tono abre una gran cantidad de opciones melódicas.

En los ejemplos 2t (a - f) simplemente utilizamos diferentes longitudes de silencios en el pulso 1 del compás; sin embargo, podemos utilizar silencios en *cualquier* punto del compás que elijamos. Podemos poner un silencio en *cualquier* pulso principal (pulsos 1, 2, 3 o 4) *y/o* en cualquier subdivisión de cualquier pulso. Si tuviera que mostrar todas las permutaciones posibles llenaría muchos cientos de páginas, así que aquí voy a dar algunas ideas útiles para explorar en tus sesiones de práctica.

En primer lugar, intenta utilizar el mismo enfoque que en los ejemplos 2t (a - f) pero aplica cada valor diferente de silencio al segundo pulso del compás. No podrás utilizar algunos de los silencios de semicorchea porque el segundo pulso se compone principalmente de corcheas.

Aquí hay algunas ideas para ayudarte a empezar. No olvides hacer que suenen vocales mediante la adición de deslizamientos y vibrato tan pronto como te sientas seguro con los ritmos.

Ejemplo 2u (a - d):

ONE 1/8TH NOTE REST

TWO 1/8TH NOTE RESTS

TWO 1/8TH + ONE 1/16TH NOTE RESTS

Los cuatro ejemplos anteriores añadían silencios al inicio del pulso dos. También podemos añadir silencios en las subdivisiones del pulso. Aquí hay algunos ejemplos que utilizan silencios en *medio* del pulso dos.

Ejemplo 2v (a - c):

ONE 1/16TH NOTE REST

ONE 1/8TH + 1/16TH NOTE REST

ONE 1/8TH NOTE REST

Siéntete libre de dejar que suene la nota que precede al silencio durante el intervalo si te gusta el sonido de la misma. Prueba cada ejemplo con y sin la nota sonando; así creas efectos muy diferentes.

Podemos intentar añadir silencios al pulso 1 *y* al pulso 2. Esto se muestra en el **ejemplo 2w (a - c):**

ONE 1/16TH   **ONE 1/16TH**

ONE 1/16TH NOTE REST   **ONE 1/8TH NOTE REST**

La inclusión de silencios o notas sostenidas en nuestra interpretación nos da un enorme alcance para variar nuestras líneas y también evitar siempre comenzar cada lick en el pulso acentuado.

El último lick anterior demuestra esta idea al comenzar en la segunda semicorchea del compás y crea un interesante efecto *sincopado* en la línea de la melodía.

Yo no me aventuraría a decir que "nunca comiences tus licks en el pulso"; sin embargo, desarrollar la capacidad de iniciar desde cualquier subdivisión de semicorchea de cualquier pulso liberará enormemente tu técnica melódica y expresiva, ayudando a controlar tu colocación de notas.

Vamos a estudiar esta idea de la colocación de notas con mayor detalle en el capítulo 3.

Para llevar todas estas ideas a la sala de ensayo, empieza por tomar cualquier lick de dos pulsos de este capítulo, por ejemplo 2q y añade silencios arbitrariamente a diferentes lugares del lick. Comienza añadiendo un silencio, luego dos y tal vez incluso tres silencios. Puedes elegir los valores de los silencios, ya sea una semicorchea, una corchea, dos corcheas o tres corcheas. No olvides que a menudo se puede colocar un silencio de semicorchea inmediatamente después de un silencio de corchea y viceversa.

Haz esto con algunos licks del libro y luego trata de construir uno propio a partir de la tabla de ritmos de la página 32.

El objetivo de este ejercicio no es ver qué tan lejos puedes trascender los límites en términos de frases de blues desarticuladas y locas (a menos que esos sonidos te resulten particularmente atractivos). El objetivo es desarrollar tu conciencia melódica para que abarque inconscientemente a los silencios en las frases melódicas. Estos ejercicios están en el ámbito "académico", pero para que puedas sentir la música, ésta primero debe ser deconstruida antes de empezar a construirla de nuevo en trozos tangibles.

Hasta ahora hemos visto la construcción de líneas cortas que duran sólo uno o dos pulsos. Trata de extender estas líneas hasta una duración de tres o más pulsos.

También, ¡escucha! Escucha a los intérpretes que te gusten. Stevie Ray Vaughan, Jimi Hendrix, Robben Ford, Larry Carlton, Joe Bonamassa, Gary Moore y todos los demás tocan este tipo de ritmos *todo el tiempo*. Pasa un tiempo sin tu guitarra en las manos tratando de escuchar los espacios en sus ejecuciones más largas.

Pronto serás capaz de dejar de construir líneas de esta manera y simplemente dejar que la música fluya, pero, cada vez que te quedes atascado en una rutina, puede ser una gran idea simplemente tomar algunos ritmos, añadir las notas y dejar que alimenten tu creatividad melódica.

Dosillos (sensación de 2 contra 3)

Puede que ya estés familiarizado con la idea de los *tresillos*. Para tocar un tresillo en tiempo normal de 4/4 tocamos tres corcheas en el tiempo que normalmente se necesita para tocar dos.

Tocar tresillos de corcheas en 4/4 puede (matemáticamente) darnos una sensación rítmica similar a tocar corcheas en 12/8.

Como ya estamos trabajando en 12/8 y por lo tanto tocando en grupos rítmicos de tres, no tiene sentido estudiar aquí los tresillos de corcheas.

Es mucho más útil echar un vistazo a lo "opuesto" a un tresillo: un *dosillo*. El dosillo consiste simplemente en dos corcheas tocadas *de manera uniforme* en el tiempo que normalmente tocaríamos tres corcheas.

En este diagrama, la línea superior representa la sensación de tresillo de la batería y el bajo en 12/8, y la línea inferior muestra cómo cae el dosillo contra el tresillo.

Ejemplo 3a:

Toca el ejemplo anterior junto con el ejemplo de audio para interiorizar su ritmo. Este tipo de ritmos puede ser extremadamente difícil de realizar con precisión al principio, sobre todo con un tempo lento. Trata de usar la pista de acompañamiento 2 o 3 (velocidad media y alta) cuando practiques esta idea.

El truco que utilizo para permanecer en el tiempo es "salirme" de la sensación de tresillo del charles en la parte de la batería y enfocarme de cerca en el bombo y la caja que marcan cada pulso acentuado del compás. *Siempre* marco con el pie al tiempo con estos tambores y luego cuento en voz alta "uno y dos y tres y cuatro y..." Esto hace que sea mucho más fácil dividir el pulso en dos, ayudando a eliminar la distracción del charles.

Una vez que tengas esta sensación clara en tu mente, trata de tocar una escala de A pentatónica menor ascendente usando dosillos contra la pista de acompañamiento 1:

Ejemplo 3b:

Si bien estos dosillos son útiles, siempre he encontrado que es mucho más eficiente practicar "duplicando" los dosillos de corcheas volviéndolos semicorcheas. Estos son una división rítmica mucho más común en un blues de 12/8.

Las semicorcheas de 4 contra 3 se ven así en el papel:

Practica esta idea de la misma manera descrita para los dosillos. Concéntrate en el bombo y la caja de la batería y trata de ignorar el charles. Los dosillos de semicorcheas son mucho más fáciles de escuchar y de tocar que los dosillos de corcheas.

Una vez más, trata de tocar la escala pentatónica ascendiendo y descendiendo en este ritmo contra la pista de acompañamiento de tresillo.

Ejemplo 3c:

Ahora practica moviéndote entre una sensación de tresillo normal y los dosillos de semicorcheas:

Ejemplo 3d:

Por último, aprende estas líneas que combinan notas normales y dosillos. Toca con los ejemplos de audio y ten cuidado de coincidir con el fraseo exactamente.

Ejemplo 3e:

Ejemplo 3f:

Ejemplo 3g:

En el ejemplo 3g, observa cómo uso notas de valor decreciente para dar el efecto de aceleración a lo largo del lick. La tensión rítmica de los dosillos de semicorcheas se resuelve con las semicorcheas normales en el compás 2.

Estos ejemplos son sólo la punta del iceberg, pero si alguna vez te has preguntado cómo tus intérpretes favoritos consiguen esa sensación de "tensión contra el pulso", esta es una de las principales formas para crear tensión rítmica, en oposición a la tensión melódica.

¡Otro recordatorio! Estos licks están escritos simplemente como "puntos sobre el papel". Si tuviera que incluir cada pequeño deslizamiento, rizo, vibrato y los otros matices de mi interpretación sería muy difícil de leer. Una gran parte de tu práctica debería ser trabajar para hacer que estas líneas cobren vida con este tipo de técnicas expresivas.

Capítulo 3: El desplazamiento rítmico

En el capítulo 2 examinamos cómo podemos insertar silencios en un lick de blues. Estos silencios podrían tener la función de crear un "agujero" rítmico en el lick, o podrían quitar el primer par de notas de la línea y hacer que parezca que empieza más tarde.

En este capítulo veremos cómo podemos mover *toda* una frase a través de diferentes pulsos del compás y vamos a descubrir los útiles e interesantes efectos musicales de hacerlo.

Desplazamiento sobre el pulso

Vamos a empezar como siempre con un ejemplo muy sencillo. Aquí hay una frase de seis notas que comienza en el pulso 1 del compás.

Ejemplo 3h:

Toca esta línea sobre la pista de acompañamiento 1 y asegúrate de comenzarla cada vez en el pulso 1.

Ahora vamos a mover esta línea hacia la derecha por un pulso y a comenzarla en el pulso 2.

Ejemplo 3i:

Ten mucho cuidado de asegurarte de que realmente estás tocando el ejemplo 3i en el pulso *dos* del compás. Cuando les enseño este concepto a mis estudiantes privados les pido que cuenten en voz alta "uno, dos, tres, cuatro, uno" antes de que comiencen en el pulso 2, para ayudarles a desarrollar la conciencia del punto del compás en el que están "colocando" el lick. Escucha atentamente el ejemplo de audio ya que es un concepto fundamental para entender.

En el ejemplo 3i utilizamos una idea llamada *desplazamiento rítmico*. En otras palabras, tomamos una frase y la *desplazamos* para que comenzara más tarde en el compás. En este ejemplo, al comenzar el lick un pulso más tarde dejamos un "respiro" rítmico al inicio del compás y "avivamos" nuestra interpretación al hacer nuestro fraseo menos predecible.

Puede que no lo notes al principio, pero en realidad estás alterando sutilmente el *efecto* musical que este sencillo lick produce en tu oyente. Diferentes notas/intervalos caen en diferentes puntos del compás, dándole un sabor sutilmente alterado a la línea. Esta es una manera bastante fácil de reutilizar el material sin que sea completamente evidente. Por otra parte, aprender a tocar desde cualquier punto del compás es, obviamente, un paso esencial hacia el dominio de tu tiempo, ritmo y fraseo.

A continuación, vamos a ver lo que pasa si movemos esta frase otro pulso a la derecha y empezamos a tocar en el pulso 3.

Ejemplo 3j:

Una vez más, practica la cuenta inicial antes de tocar tu línea. Es posible que quieras empezar a contar en el compás anterior y decir en voz alta "uno, dos, tres, cuatro, uno, dos" y luego iniciar el lick en el pulso 3.

En un nivel, esta es una buena práctica del control de tu fraseo. ¿Con qué frecuencia, hasta este punto, has sido realmente *consciente* de cuándo/dónde estás comenzando tu línea en el compás? Este tipo de conciencia aumentada puede ser rápidamente revolucionaria en la interpretación de muchos de los estudiantes.

En otro nivel más profundo, algo muy interesante ha sucedido en la forma en que se *siente* musicalmente esta frase. Al comenzar en el pulso 3 de esta manera la nota final (E) ya no cae en el acorde A7 en el compás 1; cae en el acorde D7 en el compás 2. La nota (E) se escucha ahora en un *contexto* diferente al anterior porque la armonía ha cambiado debajo de ella.

Si estás al día en tu teoría musical, puedes entender que cuando la nota E cae sobre el A7 funciona como la 5ta "estable" del acorde; sin embargo, cuando el E cae cuando se toca un acorde D7 por debajo de ella, como en este caso, entonces forma la 9na ligeramente "tensa" de la escala. La mejor manera de escuchar y entender este efecto es simplemente escuchar con atención el lick en su contexto.

Vuelve a escuchar el ejemplo 3i y luego escucha inmediatamente el ejemplo 3j. ¿Puedes escuchar la sutil diferencia en el "significado" de la frase?

Como ya he mencionado antes, esta es una manera genial y común de "reciclar" el material melódico (licks). La línea en 3i suena completamente diferente que la línea en 3j y es muy difícil para el oyente distinguir conscientemente sus similitudes, ¡incluso cuando se tocan una tras la otra! En realidad lo que sucede es que el oyente escucha subconscientemente que estas frases están vinculadas de alguna manera y tiene la sensación de que la música está bien construida.

Ahora probemos este lick a partir del pulso 4. Recuerda contar en voz alta para ayudarte a asegurar tu exactitud.

Ejemplo 3k:

Esta vez la línea suena muy diferente pues más de la mitad de las notas caen en el acorde D7 y no en el acorde A7.

Por supuesto, la armonía/los acordes de una canción de blues no cambia en *cada* compás; sin embargo, si puedes aprender a sincronizar tus licks para que se superpongan a una barra de compás cuando el acorde *cambia,* entonces vas a desarrollar algunos resultados muy interesantes.

Para refrescar la memoria, aquí hay un diagrama (simple) de progresión de acordes de 12 compases completo. Úsalo para localizar las áreas en donde puedes tocar este lick de seis notas en la segunda mitad del compás para cruzar la barra de compás y "darle" a un cambio de acordes. Escucha con atención el efecto que esto crea.

Toca los siguientes ejercicios para desarrollar tu control del desarrollo rítmico junto con la pista de acompañamiento 1.

Toma un lick de blues corto que tenga 4 o 5 notas de largo; tal vez algo como el *ejemplo 2i (b)* de la página 27.

1) Toca el lick (¡y *sólo* el lick!) comenzando en el pulso 1 de cada compás por un **estribillo completo de 12 compases**.
2) Luego, usa el mismo lick pero comenzando cada vez en el pulso *2* de cada compás.
3) Ahora comienza la misma línea en el pulso 3 de cada compás. Una línea que sea más larga de dos pulsos comenzará a cruzar la barra de compás en este punto.
4) Comienza en el pulso 4 del compás. Recuerda repetir cada ejercicio durante *todo un estribillo* de fondo de blues.
5) Ahora trata de tocar a través de un estribillo completo, pero comienza la línea en el pulso 1 del primer compás, el pulso 2 del segundo, el 3 del tercero y el 4 del cuarto. No toques en el quinto compás porque la línea del compás cuatro habrá cruzado la barra de compás, pero comienza de nuevo tocando el lick en el pulso 1 del sexto compás. Continúa con este proceso durante todo el tiempo que puedas.
6) Trata de invertir el patrón comenzando en el pulso 4 del primer compás y luego el pulso 3 del segundo compás, etc.

Estos ejercicios te ayudarán a desarrollar la colocación controlada de todo tu vocabulario musical.

Desplazamiento por divisiones de corcheas del pulso

La siguiente sección es una de mis lecciones favoritas para enseñar. Esta lección es a menudo donde el alumno entiende todo el concepto de la colocación musical y de repente comprende por qué *no necesitamos* diez mil licks de blues para tocar creativa, emotiva y efectivamente. He visto estas ideas transformando por completo la interpretación de muchos estudiantes en cuestión de minutos, a menudo con resultados sorprendentes.

En la sección anterior consideramos la forma en que podríamos tomar una frase musical y desplazarla para comenzar más tarde en el compás moviéndola por *un pulso* a la vez. Ahora vamos a estudiar cómo tomar una frase y desplazarla rítmicamente por *una corchea* cada vez.

Al desplazar un lick por valores de corcheas podemos cambiar *completamente* su efecto musical, de forma que podemos manipular fácilmente licks idénticos para hacer que suenen y se sientan muy diferentes.

Comenzaremos con una frase breve de corcheas como esta.

Ejemplo 3l:

Toca esto junto con la pista de acompañamiento 1 y *cuenta en voz alta* cada división de corchea. A medida que tocas di:

"Uno dos tres uno dos tres uno dos tres uno dos tres" como se muestra bajo el ejemplo 3l.

Ahora vamos a desplazar rítmicamente esta frase por una corchea a la derecha. Escucha el profundo efecto que tiene este desplazamiento en la melodía.

Ejemplo 3m:

Es de gran ayuda al principio contar en voz alta a medida que tocas estos ejemplos. Al ir tocando más ejemplos, se volverán instintivos y no tendrás que volver a contar nunca más.

Hay dos razones por las que el ejemplo 3m suena tan diferente del ejemplo 3l. En primer lugar, como hemos comentado anteriormente, los tonos individuales caen en momentos ligeramente diferentes en el compás, lo que altera sutilmente su "sabor"; pero hay otra razón mucho más intrínseca de su diferencia.

Ciertos puntos rítmicos en *cualquier* compás de música se acentúan sutilmente para crear una *sensación* musical e impulso. Las partes específicas del compás que son acentuadas varían entre estilos y entre fórmulas de compás. Los acentos precisos son difíciles de ser concretados, pero como regla *muy* general, los pulsos acentuados en la música moderna son *fuertes* (los pulsos uno, dos, tres y cuatro) y, los pulsos dos y cuatro son más acentuados que los pulsos uno y tres.

Además, a menudo se les da un ligero acento natural a la primera y tercera corchea de cada compás.

Todos estos factores se combinan de manera que, simplemente desplazando el lick por una corchea, diferentes partes de la frase caen en diferentes partes fuertes o acentuadas del compás.

El uso del desplazamiento rítmico de esta manera puede disfrazar completamente una línea para tu público porque van a escuchar diferentes notas (intervalos de escala) que caen en diferentes partes (acentos rítmicos) del compás. Puede que oigan, consciente o inconscientemente, la misma *forma* melódica, pero a menos que estén muy bien entrenados musicalmente no van a detectar un desplazamiento rítmico a menos que sea demasiado evidente.

Suponiendo que tu público sabe lo que es un desplazamiento rítmico, esté escuchando en su busca, o incluso le importe; si reconocen que utilizaste la misma línea dos veces aunque ligeramente diferente, la reacción más común que obtendrás será "¡qué bien!"

Ahora vamos a tratar de mover esta frase hacia la tercera corchea del pulso 1.

Ejemplo 3n:

Asegúrate de estar contando las corcheas para estar seguro de que inicies el lick en el punto correcto.

Una vez más, la frase *se siente* completamente diferente. En lugar de ser una línea que se basa en el primer pulso del compás, se ha convertido de repente en una línea enfocada en el segundo y el tercer pulso. En esta versión, los acentos caen en la segunda y última nota del lick, cambiándolo hasta volverlo casi irreconocible.

Por supuesto, podemos seguir moviendo esta línea de a una corchea hacia la derecha y crear una frase alterada cada vez. Las cosas empiezan a ponerse realmente interesantes cuando este tipo de desplazamiento empieza a cruzar la barra de compás. Podemos lograr esto comenzando el lick en la segunda corchea del pulso 3.

Ejemplo 3o:

Al igual que con el ejemplo 3j visto anteriormente, puedes oír que la nota final del ejemplo 3o ahora "funciona" diferente que en el ejemplo 3n. La nota final cae ahora en el acorde D7, creando una enorme diferencia en el efecto melódico del lick.

Podemos empezar esta línea en cualquier punto desde el cuarto pulso y cruzar la barra de compás por unas pocas notas. Escucha y toca los siguientes ejemplos para obtener una idea de mover estos licks siendo desplazados más lejos a través de la barra de compás.

Ejemplo 3p (a):

Ejemplo 3p (b):

Ejemplo 3p (c):

Como estoy seguro de que puedes oír, estas tres líneas se sienten únicas a pesar de que en realidad estamos tocando la misma secuencia de notas. La clave para desbloquear esta poderosa técnica es aprender a tener el control del lugar exacto en donde comienzas tu línea.

Para desarrollar tu colocación rítmica repite el ejercicio de la página 47; sin embargo, en lugar de mover tu línea por todo un pulso cada vez, simplemente muévela por una corchea.

1) Elige una línea corta basada en corcheas, tal vez algo similar al *ejemplo 2k b, c o d*.
2) Toca un estribillo comenzando esta línea en la primera corchea del compás 1.
3) Repite este lick en el segundo estribillo, pero comienza en la *segunda* corchea del pulso 1.
4) Ahora comienza la línea en la *tercera* corchea del pulso 1.
5) Sigue moviendo la línea de a una corchea a la derecha hasta llegar a la 3ra corchea del pulso 4.
6) Trata de tocar algunos estribillos y mueve la línea por una corchea a la derecha en *cada compás*.

Si tienes dificultades para tocar una frase entera al principio, simplemente empieza por tratar de colocar una sola nota o un rasgueo silenciado en el lugar elegido del compás. Esto desarrollará rápidamente tu conciencia rítmica.

¡Punto importante "de visión general"!

Las técnicas rítmicas anteriores no sólo son esenciales para hacer accesible el compás; hay un *gran* beneficio al practicar de esta manera.

Uno de los mejores modelos para crear solos de blues memorables y melódicos es el enfoque de "llamada y respuesta" o "pregunta y respuesta" para frasear lo que se remonta a los "gritos de campo" y los "spirituals" que mencioné en el capítulo 1 de este libro y, sobre los cuales escribí ampliamente en la introducción al libro 1 de esta serie.

Imagina por un momento que las frases en las que has estado trabajando son las *preguntas* de ese modelo. Si podemos crear 12 preguntas ligeramente diferentes a partir de una sola frase, te estarás dando la oportunidad de dejar fluir tu creatividad para responder a estas preguntas en muchas maneras posibles.

Escogiendo un número cualquiera, digamos que de tu cabeza salen las ideas para improvisar ocho respuestas a cualquier pregunta melódica. ¡Ahora tienes doce preguntas que suenan diferentes a partir de una sola frase y noventa y seis posibles respuestas!

Obviamente la creatividad musical no funciona en un sentido tan literal, pero lo que intento demostrar es que al tocar un lick "planteado" de muchas maneras diferentes, generarás de forma espontánea cientos de posibles respuestas únicas e individuales.

Vamos a estudiar el concepto de las preguntas y las respuestas mucho más profundamente en el capítulo 4.

Desplazamiento por divisiones de semicorcheas del pulso

El desplazamiento de una frase por una semicorchea es mucho más difícil que el desplazamiento de una frase por una corchea o por un pulso entero. Sin embargo, cuando hayamos dominado este tipo de colocación precisa, nuestra percepción rítmica se elevará rápidamente hacia territorio desconocido. Fundamentalmente, nos estamos dando la oportunidad de comenzar el mismo lick en hasta veinticuatro lugares diferentes en el compás. ¡Pero no te asustes; ya hemos cubierto doce de ellos en las dos secciones anteriores!

Uno de los retos más difíciles cuando se hacen desplazamientos por semicorcheas es que cualquier línea que comience con una corchea generalmente será bastante delicada de tocar al principio. Aunque definitivamente vale la pena trabajar en ello y hablaremos al respecto más tarde. Por ahora, vamos a empezar con una línea que comienza con algunas semicorcheas.

Ejemplo 3q:

A estas alturas ya conoces el proceso, así que vamos a desplazar esta línea por una semicorchea a la derecha:

Ejemplo 3r:

Toca este primer desplazamiento a lo largo de todo un estribillo de un blues de 12 compases.

Ahora practica desplazando este lick por una semicorchea después (a la derecha) y toca cada desplazamiento durante un estribillo completo antes de pasar al siguiente.

Cuando mueves el ejemplo anterior para comenzar una semicorchea después, estarás empezando la línea en la *segunda* corchea del pulso 1, lo cual fue cubierto en el ejemplo 3m. Sin embargo, aún deberías practicar esta línea a partir de la segunda corchea del pulso 1 porque esta línea utiliza semicorcheas y se sentirá diferente al tocar.

Los desplazamientos de las permutaciones restantes en el pulso 1 son los siguientes:

Ejemplo 3s (a):

Ejemplo 3s (b):

Ejemplo 3s (c):

Ejemplo 3s (d):

Sigue moviendo el lick hacia atrás por una semicorchea en cada estribillo sucesivo. Escucha cómo al tocar el lick sobre el cambio de acorde altera por completo el sonido de esta línea cuando empiezas la colocación de la misma en el pulso 4.

Los desplazamientos con semicorcheas son más difíciles que los desplazamientos con corcheas, así que toma tu tiempo y presta mucha atención a los ejemplos de audio para asegurarte de que lo estás entendiendo bien.

Trata de proponer algunos otros licks de semicorcheas y luego desplázalos siguiendo el mismo proceso.

La complicación viene cuando desplazamos por una semicorchea un lick que contiene corcheas porque a menudo hará que la corchea "cruce" un pulso. Estos ejemplos pueden parecer un poco complejos en el papel cuando los desplazamos, pero cada nota en la frase dura siempre la misma cantidad de tiempo.

Aprende la siguiente línea de corcheas simple.

Ejemplo 3t:

Cuando desplazamos este lick por una semicorchea a la derecha puede ser muy difícil sentir cuánto debería durar en realidad cada corchea. Esta es la notación "correcta" para el desplazamiento de semicorchea:

Ejemplo 3u:

Si esto te parece un poco desalentador, sólo recuerda que dos semicorcheas ligadas duran la misma cantidad de tiempo que una corchea.

Es posible que quieras ver el lick la siguiente manera:

A pesar de que, de acuerdo con la convención musical estándar, esta notación es incorrecta, hace que la línea sea más fácil de leer. Los dos ejemplos anteriores son idénticos.

Para interiorizar el sentido rítmico de una línea como esta, creo que el secreto está en lo que está haciendo el pie. Este tipo de coordinación es difícil al principio, pero la perseverancia mejorará en gran medida tu reloj interno.

Comienza *sin un metrónomo* golpeando ligeramente tu pie tres veces por pulso. Tu pie ahora está golpeando el pulso de corcheas. En el ejemplo anterior, cada nota caerá directamente *entre* los golpes de tu pie; entonces si cuentas "uno y dos y tres y" mientras tu pie va *abajo arriba abajo arriba abajo arriba,* deberías estar tocando una nota cada vez que tu pie está en la posición de "arriba" y tú estás diciendo la palabra "y" en voz alta.

A medida que esto empiece a salir de manera natural, intenta configurar el metrónomo a 150 bpm (pulsos por minuto) y oye el clic como las corcheas que has estado marcando con el pie. Repite el párrafo anterior pero con el tictac del metrónomo.

Ahora configura tu metrónomo a 50bpm y mantén el pie marcando tres corcheas por clic (tal y como lo hiciste antes). Repite el ejercicio anterior.

Por último, trata de tocar a este lick junto con la pista de acompañamiento 1.

A medida que tus oídos y tu reloj interno comienzan a procesar este uso avanzado del tiempo y la colocación rítmica, tu fraseo comenzará a sentirse más natural. Este es uno de esos ejercicios difíciles de pasar, que cuando los estudiantes comienzan a entender, su habilidad musical mejora dramáticamente. No olvides que este tipo de colocación puede ser aplicada a *cualquier* estilo musical. Verás enormes beneficios en todos tus esfuerzos musicales y tu percepción del tiempo y el espacio rítmico *dentro* del pulso aumentará dramáticamente.

El problema con cualquier ejercicio difícil de pasar como un "muro de ladrillos" como este, es que sólo podemos eliminar unos cuantos ladrillos a la vez y, a veces, se sentirá como si el cemento ni siquiera se desmoronara. El secreto es seguir volviendo a la pared de manera regular, y lenta y constantemente trabajar para destruirla.

Este tipo de ejercicios se sienten incómodos, pero eso es un buen indicador; al trabajar fuera de nuestra zona de confort sabemos que estamos practicando en la forma más beneficiosa. Nos sentimos incómodos porque nuestro cerebro está trabajando muy duro para procesar los aspectos mentales, espaciales y físicos de nuestra interpretación. Toma muchos descansos porque gran parte del procesamiento que hace el cerebro se hace en el "tiempo fuera" lejos de la guitarra. Ráfagas de diez minutos funcionan muy bien aquí.

Otra observación de "visión general"

Los ejercicios de este capítulo no están aquí sólo para enseñarte una clase específica de desplazamiento rítmico. El panorama general es que estás aprendiendo a comenzar en *cualquier* punto del compás con *cualquier* valor rítmico. Estos ejercicios pueden parecer académicos y cerebrales en estos momentos; sin embargo, muy pronto deberías olvidarte de los desplazamientos específicos y sólo tocar. Te prometo que pronto te darás cuenta de que habrás desarrollado la capacidad de tocar de forma consistente *cuando* y *donde* quieras en el compás.

Este tipo de libertad rítmica es uno de los objetivos fundamentales de la música. Si vamos a ser verdaderamente expresivos en nuestra interpretación, la capacidad de poner una nota *en cualquier lugar* es, sin duda, una habilidad esencial.

Estos son los ejercicios que "hicieron accesible el pulso" para mí. Los estudiantes que los practican con diligencia son los que alcanzan rápidamente un nivel totalmente distinto de expresión musical.

¿No es esto mejor que utilizar tu tiempo de práctica simplemente ejecutando escalas?

Vamos a continuar con el desplazamiento del lick anterior a través del compás. Cuando el principio de la línea cae en la corchea te resultará fácil, pero cuando cae en la semicorchea será más difícil.

Ejemplo 3v:

Continúa con este desplazamiento de semicorchea de la misma manera que en los ejemplos anteriores. Presta especial atención a los pulsos 3 y 4, donde el lick comenzará a cruzar la barra de compás, pues comenzarán a ocurrir algunos resultados muy interesantes.

Repite este tipo de desplazamiento de semicorchea con otros licks que comiencen con corcheas.

Una de las principales utilidades de todos estos desplazamientos es hacer un mayor uso de los licks de guitarra individuales. Al disfrazar nuestro vocabulario, tocarlos sobre diferentes cambios de acordes e iniciar el lick en diferentes subdivisiones del pulso, podemos crear miles de variaciones sutiles sobre un tema, todo lo cual suena único y fresco para el oyente. Podemos cubrir un gran terreno melódico con unos pocos licks simples.

Recuerda: *es mejor aprender a tocar un lick de cien maneras diferentes que aprender cien licks diferentes.*

Este nivel de percepción rítmica nos libera de tocar mecánicamente y "perseguir" licks por todo el diapasón; ahora podemos crear e improvisar genuinamente nuestros solos con una libertad individual que no está disponible para los intérpretes que sólo se enfocan en ejecutar licks.

Cuando aprendas un nuevo lick serás capaz de manipularlo de muchas maneras diferentes para disimular su origen y hacer que sea único.

Una última cosa para explorar es el efecto del desplazamiento sobre los pasajes musicales más densos armónicamente. Cuando los acordes están cambiando más rápidamente, el desplazamiento de una frase melódica puede ser mucho más eficaz, ya que continuamente vas a colocar diferentes notas de un lick sobre acordes diferentes en la parte armónica/rítmica de la guitarra.

Los últimos cuatro compases del blues son una muy buena manera de practicar esta idea:

Toma frases simples y practica desplazándolas de modo que crucen la barras de compás en diferentes puntos. Te sorprenderá cuán diferente pueden sonar tus lick.

Este tipo de práctica es un fantástico entrenamiento para el oído, porque cuando creas nuevos sonidos que te gustan, inconscientemente los recordarás y con el tiempo van a fluir libremente cuando improvises "en serio" en un concierto.

Capítulo 4: Desarrollo de líneas y creatividad

Todos los conceptos de este capítulo se centran en el concepto de la creatividad y de cómo podemos llegar a lo profundo de nosotros mismos para desarrollar un estilo personal e individual. Estos ejercicios trascienden géneros y se pueden aplicar a casi cualquier estilo de música. No existen respuestas correctas o incorrectas en estas lecciones, ya que este capítulo trata de desarrollar tu propia voz única.

La creatividad con estructuras de pregunta y respuesta

En el blues se le da gran importancia a la estructura de la frase y a mantener un diálogo musical constante entre cada línea sucesiva. La forma más fácil de explicar este diálogo es con la frase "pregunta y respuesta" o "llamada y respuesta". Esto es fácil de escuchar en la música espiritual temprana a la que hice referencia en la introducción. La primera frase es una *llamada* y plantea la *respuesta*. Esta estructura continúa a través de toda la pieza musical.

Para obtener una ilustración un poco más actualizada y "guitarrera", escucha el solo de guitarra de **Lenny** de Stevie Ray Vaughan. Toda la canción está llena de esta idea de llamada y respuesta. A pesar de que tanto la llamada como la respuesta se tocan en el mismo instrumento, definitivamente hay ecos de la estructura de fraseo del blues "góspel" inicial. B.B. King es otro gran exponente de esta idea.

Puede ser un poco difícil practicar la llamada y respuesta tú solo, de manera que si puedes trabajar en las siguientes ideas con un amigo músico, tal vez les saques mayor provecho.

En esta primera serie de ejercicios te daré un lick planteado a manera de pregunta y tú proporcionarás una frase de respuesta.

Comienza familiarizándote con el siguiente lick.

Ejemplo 4a:

La línea del ejemplo anterior será tu frase de *pregunta* y formará una figura repetitiva a lo largo del blues de 12 compases. Nota que comienza en el pulso 2 del compás.

El primer ejercicio consiste en tocar este lick cada dos compases (compás uno, tres, cinco, etc.) e improvisar tu *propia* frase de respuesta en los espacios de los compases dos, cuatro, seis, etc.

El "esquema" de tu solo tendrá este aspecto:

El primer ejercicio es improvisar *cualquier* frase de respuesta que desees; la única regla es que *debes* estar listo para tocar la frase de pregunta cuando vuelva a aparecer en el siguiente compás.

Una vez más, no hay respuestas incorrectas para este ejercicio. Aquí está una de las infinitas posibilidades que se me ocurrió.

Ejemplo 4b:

Trata de tocar tantos estribillos de blues como sea posible, y de encontrar muchas respuestas a la misma frase de pregunta cada vez. Al tener que responder a la misma pregunta de muchas maneras diferentes te estarás forzando a volverte más creativo en tus respuestas. Comenzarás a ver tu solo como una historia llena de ideas conectadas más que sólo una serie de cortas ideas aleatorias.

Incluso en este ejercicio aparentemente restrictivo, realmente todavía te estoy dando "vía libre" para rellenar las respuestas a tu gusto. Simplemente se te está diciendo que "sientas" lo que debería venir después, con muy pocas limitaciones o estructuras.

En cierto sentido esto es bueno, ya que te ayudará a desarrollar tu propia voz en la guitarra. Sin embargo, visto de otra manera, tocar tan libremente es un poco limitado como ejercicio de aprendizaje porque no te estoy obligando a tocar demasiado fuera de tu zona de confort.
En mi vida he tenido la suerte de tener algunos profesores de guitarra excepcionales y, una frase de Shaun Baxter siempre me ha acompañado es:
"Es una paradoja; pero cuanto más te limitas, más creativo estás obligado a volverte".

Una analogía podría ser que si te siento en un restaurante, no vas a tener que pensar demasiado acerca de cómo encontrar comida, pero si te dejo en un desierto tendrías que ser bastante creativo para encontrar tu próxima comida. Incluso podrías hacer cosas de las que nunca pensaste que serías capaz para encontrar sustento.

Con ejercicios diseñados para mejorar la creatividad, creo firmemente que si hemos de encontrar nuevas maneras de tocar nuestras notas, tenemos que aislar un aspecto creativo muy pequeño a la vez y tratar de agotar sus posibilidades antes de seguir adelante.

La creatividad limitando el ritmo

Veamos algunas formas en las cuales podemos obligarnos a tocar algo *nuevo* dentro de la estructura anterior de pregunta y respuesta.

Lo primero que podemos intentar es crear nuestra respuesta con *exactamente* el mismo ritmo que la pregunta. Esto requiere una disciplina estricta y nos mostrará rápidamente cuando nuestros dedos, y no nuestros oídos, tratan de tomar el control de la guitarra.

Este es sólo un ejemplo del uso del mismo ritmo en la frase de respuesta.

Ejemplo 4c:

Obviamente esta es sólo una de las posibles frases de respuesta, pero te animo a tocar por muchos estribillos de blues y ceñirte a responder a la pregunta con exactamente el mismo ritmo, pero con muchas melodías diferentes.

Luego, ¿qué tal usar el mismo ritmo para tu respuesta, pero desplazándola antes o después por una o más corcheas?

Este ejemplo muestra una respuesta que está una corchea antes.

Ejemplo 4d:

QUESTION PHRASE   ANSWERING PHRASE

Este es sólo un ejemplo donde se utiliza el mismo ritmo comenzando una corchea después.

Ejemplo 4e:

QUESTION PHRASE   ANSWERING PHRASE

Como puedes ver, el ritmo es idéntico pero comienza una corchea después y utiliza diferentes notas.

Trata de ver si puedes encontrar diez frases de respuesta diferentes que comiencen en el pulso 2, luego diez que comiencen una corchea antes y, finalmente, diez que comiencen una corchea después. Esto es difícil, pero la idea es *obligarte* a que se te ocurra música nueva en el acto. Estos ejercicios se vuelven más fáciles con el tiempo.

Cuando sientas que has agotado todas tus posibilidades, trata de comenzar tu frase de repuesta dos corcheas antes o después, a la vez que continúas siguiendo el mismo ritmo.

Si tuviera que escribir aquí sólo unas pocas respuestas posibles para cada desplazamiento llenaría el libro, así que depende de ti ser creativo.

¿Recuerdas cómo el desplazamiento de un lick en el capítulo 3 alteró por completo el significado de la frase, y la línea melódica a la que fuiste inspirado a tocar después? Cuando te canses de los ejercicios anteriores, trata de mover la frase de pregunta por una corchea antes o después y mira cómo afecta esto a tu respuesta.

Ejemplo 4f: (Antes)

QUESTION PHRASE   ANSWERING PHRASE

Ejemplo 4g: (Después)

QUESTION PHRASE   ANSWERING PHRASE

Has estado encerrado en este formato rítmico durante un tiempo, así que ahora trata de permitirte improvisar *libremente* una respuesta a la pregunta planteada. No tienes que preocuparte por mantener el mismo ritmo; sólo haz lo que te salga.

Después de unos días de este tipo de interpretación, descubrirás que estarás tocando de forma espontánea las ideas que nunca hubieras creído posibles.

Cada día improvisa una nueva pregunta melódica y mira cuántas maneras puedes encontrar para responderla.

Trabajando con otro músico, pídele que te de una pregunta completamente diferente cada dos compases y trabaja en improvisar las respuestas.

La creatividad limitando el rango

Adherirse a un solo ritmo no es la única manera de ser creativo cuando estamos improvisando. ¿Qué tal si solamente limitamos el *rango* musical que usamos cuando hacemos un solo?

En el siguiente ejercicio sólo te es permitido utilizar estas cuatro notas en tu respuesta:

Comienza con una lluvia de ideas de todas las posibles técnicas que puedas imaginar para hacer que estas notas cobren vida.

Mi lista incluye, pero no se limita a:

Ritmo

Tocar rápido (alta densidad de notas).
Tocar lento (baja densidad de notas).

Ráfaga corta de notas rápidas rodeadas de silencios largos.
Ráfagas largas de notas rápidas rodeadas de silencios.

Ceñirse a un ritmo y alterar la melodía.
Ceñirse a una secuencia de notas y alterar el ritmo.

Tocar dosillos o una sensación de 4 contra 3.

Tocar diferentes ritmos en una nota.
Tocar diferentes ritmos en una nota mientras poco a poco aplicas bend.

Notas de inicio y de final

Deslizarse hacia las notas (al inicio y durante las frases).
Deslizarse fuera de las notas (después y durante las frases).

Deslizarse dentro/fuera (de las notas) lentamente, deslizarse hacia las notas rápidamente, deslizarse desde abajo, deslizarse desde arriba.
Deslizarse hacia una cuerda al aire.

Deslice hacia arriba y fuera del diapasón muy rápidamente.
Vibrato amplio.
Vibrato estrecho.
Vibrato estrecho *convirtiéndose* en vibrato amplio y viceversa.
Vibrato antes de deslizarse fuera de una frase.

Ve al apéndice B para ejercicios de la técnica del vibrato.

Bending

Enfoque en los bends de un semitono.
Enfoque en los bends de un tono.
Enfoque en los bends de un tono y medio.
Hacer el bend *muy* lentamente.
Hacer el bend rápido.
Mira cuántas notas de "en medio" (microtonos) puedes encontrar al aplicar el bend de forma muy gradual de una nota a otra.
Puntea repetida y lentamente durante un bend.
Puntea repetida y rápidamente durante un bend.
Pre-bend: aplica bend a la nota para que alcance el tono *antes* de puntearla y luego suelta.
Aplica bend hacia arriba a una nota pero no sueltes el tono.
Aplica bend hacia arriba a una nota pero "apágala" con la mano que puntea.
Aplica bend hacia arriba y luego suelta el bend rápidamente/lentamente.
Aplica bend repetidamente de un tono a otro.
Bends de doble cuerda (*double stop*) (aplicar bend a dos notas simultáneamente).

Dale un vistazo al apéndice A para obtener más información sobre la técnica de bending.

Duración/Frecuencia

Toca durante un pulso.
Toca durante dos pulsos.
Etc.

Toca sólo una nota.
Toca sólo dos notas.
Etc.

Toca notas largas completas.
Tocar notas cortas con staccato.

Sólo toca en el pulso uno/dos etc.

Ángulo de la púa

Perfila la púa pronunciadamente contra las cuerdas.
Perfila la púa de forma plana contra las cuerdas.
Cambia el ángulo de la púa *durante* la frase.

Altera la dinámica de punteo (más sobre esto posteriormente).

Puntea todas las notas.
Puntea duro.
Puntea suave.

Puntea cerca del puente.
Puntea cerca del mástil.
Mueve la púa desde el puente hacia el mástil *durante* la frase.

Toca más fuerte/más suave durante una frase.

Articulación

Toca con legato.
Puntea todo.
Usa sólo ligados ascendentes y ligados descendentes (hammer-ons y pull-offs).

Puntea la primera nota de una frase y toca el resto con legato (hammer-ons y pull-offs).
Puntea las dos primeras notas de una frase y toca el resto con legato.
Etc.

Toca con doble cuerda (*double stop*) (dos notas al mismo tiempo).

Añade tantas ideas como puedas a estas listas.

Mientras me siento un poco culpable por simplemente enumerar ideas para que puedas experimentar con ellas, siento que hay un beneficio significativo que obtendrás aquí escogiendo sólo uno de estos conceptos cada día y viendo cuánto beneficio puedes obtener de él.

Toma la idea que elegiste y cíñete sólo a las cuatro notas dadas anteriormente; trata de encontrar tantas formas como te sea posible para aplicar esa idea musicalmente. Esto *es* difícil al principio, pero si te atienes a ella te obligarás a ser creativo dentro de los límites del ejercicio.

Encontrarás nuevas formas de abordar tus solos melódicos si lo haces durante el tiempo suficiente y, estas ideas se van a transferir fácilmente a los lick completos y a las líneas que ya conoces.

Por último, asegúrate de aplicar estas ideas *musicalmente*. En lugar de limitar el rango de notas, toca solos enteros centrándote en sólo uno o dos de los enfoques mencionados. Mediante el uso de estas ideas en un contexto realista vas a interiorizarlas y rápidamente se volverán una parte integral de tu interpretación.

Recuerda nuestra premisa: todos tenemos las mismas 12 notas. Lo que nos diferencia a uno del otro es *cómo* y *cuándo* las tocamos. Es fácil diferenciar a los intérpretes que han trabajado en ejercicios expresivos como éste de los que no lo han hecho.

Los ejercicios que se centran en la creatividad, por definición, siempre van a quedar un poco "en el aire" y, desde luego, no quiero ser demasiado existencial aquí; pero cuanto más te esfuerzas por practicar estas ideas, más profundo verás dentro de ti mismo y más personal se volverá tu sonido.

Después de un tiempo tus lick "prestados" no sonarán prestados; estarás tocándolos en tu propio estilo.

¿Quieres ser único y reconocible al instante o quieres ser sólo un clon más?

Hacer la pregunta

Previamente, revisamos en detalle la forma de *responder* a una pregunta musical planteada con una frase improvisada. Este es un excelente ejercicio y te ayudará a cavar profundamente dentro de ti mismo rítmica, melódica y expresivamente.

Sin embargo, los músicos avanzados a menudo están pensando por adelantado en las frases que aún no se han tocado. No es raro estar pensando en al menos dos frases por adelantado y tener una especie de "esquema" planificado para el solo.

Esto puede ser difícil de comprender al principio, pero *es* posible aprender a proyectar lo que vas a hacer un par de compases más adelante. Más que pensar en esto como un complejo juego de ajedrez, imagínate como un artista que está haciendo un croquis aproximado y muy temprano de la ubicación de los objetos en una pintura de paisaje. Puede que las cosas se muevan más tarde y puede que aún no haya ningún detalle, pero definitivamente hay un esquema general de hacia dónde quieren llevar a la pintura.

La parte difícil es cómo salirse del *ahora* y empezar a conceptualizar el *después*. Tenemos que aprender a pensar con anticipación.

El mejor ejercicio que he visto para fomentar este tipo de previsión musical es invertir el ejercicio de pregunta y respuesta anterior. Vamos a trabajar con una frase de respuesta planteada, pero trataremos de crear tantas formas como sea posible para plantearla con una pregunta original. De esta manera nos vemos obligados a imaginar/escuchar en nuestra cabeza la frase que va a venir después de nuestra siguiente línea y así desarrollar nuestra capacidad de visualizar con anticipación.

Aprende el siguiente lick:

Ejemplo 4h:

Esta será nuestra frase de respuesta en toda la sección siguiente. Mira el siguiente esquema de un solo. Es lo inverso del mostrado en la página 62.

Como puedes ver, tu trabajo consiste en plantear el lick de respuesta improvisando espontáneamente una nueva pregunta en los compases uno, tres y cinco etc.

Esto es en realidad mucho más difícil de lo que puedes pensar, sobre todo si se considera que la respuesta siempre debe ser relevante y, de alguna manera, estar musicalmente vinculada a la pregunta.

Un buen consejo es tratar de mantener el ritmo y la colocación de la frase de respuesta en tu cabeza justo antes y durante tu frase de pregunta. Si eres muy consciente de a dónde vas, quizás te resulte más fácil "mezclar" tu pregunta con tu respuesta en una declaración musical cohesiva.

Otra idea es la de no ser demasiado estricto en cuanto a la *colocación* de la frase de respuesta. Aunque creo que deberías mantener la frase de respuesta como está, si sientes que deberías tocarla un poco más temprano o más tarde, hazlo así.

Este tipo de libertad es de gran ayuda para meterse en el ejercicio, pero cuando estés más seguro, trata de obligarte a mantener siempre el lick de respuesta en el lugar predefinido como se mostró anteriormente. En este caso es en el pulso 2.

El siguiente ejemplo muestra sólo un par de maneras en las que abordé el ejercicio.

Ejemplo 4i:

Ejemplo 4j:

Ejemplo 4k:

En el ejercicio 4i, mi enfoque fue tratar de crear dos frases rítmicamente distintas, aunque simbióticas, que funcionaran como la estructura "tradicional" de frases de preguntas y respuestas. Nota que mi frase de pregunta tiende a ascender en tono, mientras que mi respuesta generalmente desciende. Esto es común y es un buen punto de partida sobre el cual modelar tu práctica.

El ejercicio 4j es ligeramente diferente; uso a propósito la estructura rítmica de mi frase de respuesta en mi pregunta. Este enfoque suele desarrollar un fuerte vínculo entre los licks de pregunta y respuesta.

Por último, en el ejercicio 4k tomo un enfoque diferente y "mezclo" mi frase de pregunta con la respuesta usando una secuencia rítmica corta. Personalmente considero que esta idea es mucho más difícil de trabajar, pero nos da grandes beneficios rápidamente.

Idea tus propias frases de respuesta y trata de hacer este ejercicio todos los días. Recuerda que el objetivo general es ser capaz de pensar en, y de escuchar, la línea que vas a tocar *después* de la que estás tocando ahora. Este tipo de visión anticipada te ayudará a estructurar fuertemente tu solo y a llevar a tu audiencia en un viaje mediante el desarrollo de un "hilo" melódico o camino a lo largo de toda tu improvisación.

El desarrollo de una línea melódica

El siguiente ejercicio rítmico es uno de mis favoritos para darles a los estudiantes que tienen dificultades para desarrollar una idea melódica a lo largo de un solo completo. Este ejercicio requiere de bastante concentración en tu tiempo de práctica, pero rápidamente notarás una mejora en tu capacidad de construir de forma natural un fuerte hilo melódico a través de tu improvisación.

El ejercicio parece simple en el papel, pero en realidad se necesita mucha disciplina y paciencia para dominarlo.

1) Toma un ritmo corto y fijo, y utilízalo para improvisar una línea melódica.
2) Repite el ritmo una vez por compás durante 3 compases, variando la melodía cada vez.
3) En el 4to compás toca el ritmo de nuevo, pero esta vez desarrolla el ritmo libremente.
4) Usa el ritmo que creaste al final del compás 4 como el ritmo fijo para los próximos cuatro compases.
5) Repite.

El secreto para hacer que este ejercicio funcione es mantener los ritmos cortos y sencillos al principio. Creo que este tipo de ejercicio es mucho más fácil de ver musicalmente que explicado con palabras. Echa un vistazo al ejemplo 4l.

Ejemplo 4l:

A7
D7
A7
A7
FIXED RHYTHM
FIXED RHYTHM
FIXED RHYTHM
DEVELOPMENT
D7
D7
A7
A7
DEVELOPED RHYTHM
FIXED RHYTHM
FIXED RHYTHM
DEVELOPMENT
E7
D7
A7
D7
A7
E7
DEVELOPED RHYTHM
FIXED RHYTHM
FIXED RHYTHM
DEVELOPMENT
ETC....

Comienzo con una frase *muy* simple; sólo un par de notas, y repito exactamente el mismo ritmo para los primeros tres compases. En el compás cuatro confío en mi oído y me permito desarrollar la idea muy ligeramente. Una pequeña variación es mucho mejor que un compás completo de improvisación aquí.

El truco es *recordar el último par de notas que tocaste en el compás cuatro*. Toma el *ritmo* de las notas del compás 4 y haz una frase corta en torno a ese ritmo en el compás cinco. Una vez que tengas tu nuevo ritmo desarrollado cíñete a él y repite el proceso.

Compara el compás 12 con el compás 1. Estas líneas son muy diferentes, pero hemos llegado a la complejidad del compás 12 a través de un proceso natural y *orgánico*.

Para una demostración realmente magistral de este tipo de desarrollo rítmico, una de las mejores piezas musicales que puedes escuchar es el primer movimiento de la **Quinta sinfonía de Beethoven en C menor**.

Aunque no es estrictamente blues, puedes oír fácilmente cómo desarrolla una frase de cuatro notas hasta convertirse en una de las piezas musicales más importantes que se hayan escrito. Escucha cómo se desarrolla la frase rítmicamente en toda la pieza y cambia con el uso sutil y no tan sutil de la orquestación y la dinámica. Es la lección perfecta para crear algo enorme a partir de los fragmentos rítmicos más pequeños.

Si bien no es tan explícita como la Quinta de Beethoven, un ejemplo de blues de todas las técnicas de este capítulo, incluyendo las ideas de desarrollo rítmico de esta sección es **Lucille por B. B. King**.

Hay un tema recurrente extremadamente fuerte de preguntas y respuestas a lo largo de la canción, sobre todo en los solos más largos, pero si se escucha con atención puedes escuchar claramente cómo desarrolla su melodía rítmicamente de una frase a la siguiente.

Mucha gente se volverá hacia mí en este momento y dirá, "sí, pero él sólo la siente, él probablemente nunca la pensó de esta manera".

Estoy seguro de que esas personas están en lo cierto; sin embargo, si vamos a aprender a desarrollarnos como músicos, a menudo necesitaremos descomponer las destrezas "inconscientes" de los músicos talentosos en fragmentos tangibles que se puedan aprender, y trabajar en ellos como ejercicios, antes de que eventualmente se conviertan en algo que "sólo estoy sintiendo" para nosotros también.

Imagina que fueras a aprender un truco de magia de un ilusionista. Sería un profesor inadecuado el que sólo te dijera "¡es magia!".

El ejemplo anterior gira en torno a tu *percepción* como intérprete, no sólo al desarrollo rítmico.
Tienes que tener el control de lo que estás tocando para que funcione y tienes que recordar conscientemente el ritmo anterior que tocaste. Es un ejercicio fantástico para pasar de simplemente "tocar casualmente" en la guitarra y trabajar hacia realmente tener el control de lo que tocas.

La variación tonal con el fraseo

En la página 67 te di rápidamente algunas ideas sobre cómo variar el sonido de tu interpretación, variando el ángulo de la púa. Creo que esta es una de las áreas más injustamente pasadas por alto de la interpretación de la guitarra y no se le da la suficiente atención a las miles de variaciones sutiles que se le pueden dar a una frase simplemente usando el plectro.

"Si has visto una orquesta profesional, es posible que el violinista principal esté tocando un Stradivarius de £ 1.200.000. El arco; sólo el palo y el pelo de caballo que están utilizando pueden costar más de £ 60.000.

Como guitarristas, utilizamos una pieza plástica de 50 centavos.

Prácticamente, cada tono que se crea en la guitarra comienza con la púa, por lo que se deduce que tenemos mucho trabajo que hacer para obtener la mayor cantidad de buen tono de nuestra púa como sea posible".

- Tomado de **Técnica completa para guitarra moderna**

Aquí hay una demostración simple: Compara estas dos líneas idénticas. La primera se toca con una púa de manera suave en un ángulo normal; la segunda se toca *fuerte y de manera agresiva* con la púa en ángulo de casi 90 grados respecto a las cuerdas.

Ambas se tocan con el plectro situado entre el mástil y la pastilla del medio, y los dos ejemplos se tocan con la misma configuración de amplificador y selección de pastillas.

Ejemplo 4m:

Hay una gran diferencia entre las dos líneas y un par de cosas notables están sucediendo.

Incluso olvidando el ángulo de la púa por un segundo, cuando punteas más duro envías más señal de la guitarra al amplificador. Esto dará lugar a la capacidad de utilizar menos ganancia para lograr un tono saturado. Así es como se genera ese sonido limpio y un poco desarticulado que es perfecto para el blues.

Nunca diría que puntees fuerte *todo* el tiempo, pero en general me parece que la mayoría de los guitarristas no practican el punteo fuerte regularmente. Se escribe tanto (y con razón) sobre la búsqueda de una técnica de punteo uniforme y consistente, que el color y posibilidades tonales a menudo se olvidan.

Trata de puntear muy duro en algunas sesiones de práctica; realmente excédete en ello. Tal vez descubras que no puedes tocar algunos de los licks que pensabas que sabías; apréndelos de nuevo pero esta vez usa un punteo mucho más fuerte.

Con sólo volver a aprender algunos de tus licks de esta manera te resultará mucho más fácil acceder a todos los colores y posibilidades tonales que pueden lograrse simplemente tocando con más fuerza.

El siguiente es un ejercicio sencillo para ayudarte a aprender a manejar tu ataque de punteo. Comienza tocando suavemente y mira cuántos volúmenes diferentes puedes encontrar entre "suave" y "fuerte".

Ejemplo 4n:

Si estás utilizando un amplificador decente deberías ser capaz de configurarlo de manera que cuando toques suavemente tu sonido sea limpio, pero cuando se empiece a aumentar la potencia de tu ataque, el sonido empiece a desarticularse y distorsionarse.

Como estoy seguro de que puedes imaginar, las posibilidades tonales son inmensas.

Una de las cosas que también encontrarás es que, cuando tocas con diferentes dinámicas de punteo de esta manera, es cuando en realidad vas a empezar a frasear tus líneas de forma ligeramente diferente. Resultarás alterando los ritmos y "accidentalmente" descubriendo nuevas formas de frasear tus líneas.

Trata de tocar algunos licks con el enfoque de punteo mostrado en el ejemplo 4n. Poco a poco puntea más fuerte a lo largo del lick. Trata de puntear fuerte al inicio y poco a poco hazlo suave. Podrías tocar todo el lick suave y acentuar un par de notas o tocar fuerte y dejar algunos "agujeros" en el lick donde puntees muy suavemente.

Ángulo de la púa y fraseo

Como escuchaste en el ejemplo 4m, el ángulo con el cual golpeas las cuerdas con la púa también tiene un efecto enorme en tu tono (y fraseo).

Normalmente sostenemos la púa en un ángulo muy pequeño con respecto a las cuerdas para ayudar a que el borde curvo "ruede" a través de la cuerda y cree un tono consistente. Cuando empezamos ubicar la púa en un ángulo más agudo respecto a la cuerda, algunas cosas comienzan a suceder.

En primer lugar, el tono de nuestra guitarra cambia dramáticamente, pero también se vuelve mucho más difícil mover físicamente la púa a través de las cuerdas para crear una nota.

Podrías encontrarte con que, ya que es más difícil empujar la púa a través de las cuerdas, la nota que creas esté ligeramente retrasada con respecto al punto donde esperabas escucharla.

En esencia, hemos empezado a tocar un poco por detrás del pulso. Voy a admitirlo, no es necesariamente la forma más controlada para practicar la importante habilidad de interpretación detrás del pulso, pero puede ser una gran manera de acceder a esta difícil técnica rítmica con bastante facilidad.

Compara las dos líneas:

Ejemplo 4o:

Ten en cuenta que no sólo el tono cambió considerablemente; las notas de la segunda línea han comenzado a caer muy ligeramente por detrás del pulso.

La interpretación por detrás del pulso es una habilidad muy deseable y este método de cambiar el ángulo de la púa es una manera genial de "fingirlo hasta que lo logres". Esta *no* es la manera de construir una sensación "detrás del pulso" controlable y consistente, pero si cambias el ángulo de punteo durante una línea melódica comenzarás a crear algunas variaciones de fraseo muy interesantes.

Practica cambiando tu ángulo de punteo a lo largo de un lick de guitarra que sepas muy bien. Escucha la manera en que el siguiente lick "empuja y tira" contra el pulso a medida que varío mi ángulo de punteo.

Ejemplo 4p:

Una forma igualmente eficaz para alterar tu tono es puntear cerca del puente, cerca del mástil o en cualquier lugar entre ambos.

Intenta tocar el lick anterior con una colocación diferente de la púa. Tocar cerca del puente te dará un tono delgado y áspero que se suavizará a medida que te muevas hacia el mástil. Intenta cambiar la posición de la púa de adelante hacia atrás (y viceversa) a medida que tocas una línea.

Podemos combinar cualquiera de las tres técnicas de esta sección:

Tocar fuerte / Tocar suave
Ángulo de punteo normal / Ángulo de punteo agudo
Puntear cerca del puente / Puntear cerca del mástil

Esto significa que nuestra mano derecha puede estar en constante evolución, cambiando de manera fluida entre cualquiera de las permutaciones anteriores. Este tipo de variación en el ataque de nuestra mano que puntea crea un aspecto vocal tridimensional en nuestro sonido y cambia continuamente la reacción de nuestro amplificador a nuestra interpretación.

De repente nuestra interpretación se convierte en algo más que solo notas; hay una dinámica muy humana, llena de matices y personalidad. Hay sutiles diferencias de textura en todas y cada una de las notas, y nuestra interpretación se vuelve personal y única.

El tiempo dedicado a trabajar en variar tu enfoque de punteo te hará sobresalir entre la multitud.

Capítulo 5: Rango y otras posiciones en el diapasón

Hasta ahora en este libro nos hemos concentrado en un rango de notas muy pequeño en una sola área de la guitarra. ¡Ya me puedo imaginar los comentarios negativos en Amazon! Sin embargo, como saben, creo que a veces limitando la cantidad de notas que nos permitimos tocar, podemos centrarnos mucho más profundamente en el *cómo* y el *cuándo* de nuestro fraseo, y no estancarnos en la elección de las notas. En este capítulo veremos cómo expandir nuestras ideas por todo el diapasón.

La gran noticia es que, si has trabajado duro en los conceptos de este libro, te será muy fácil aplicar estas técnicas a otras áreas del diapasón. De hecho, si realmente has dedicado algún tiempo a estas ideas, habrás empezado a *interiorizarlas* a un nivel musical profundo, de forma que ni siquiera tendrás que pensar en su aplicación a nuevas formas de escala o licks nunca más.

La mayoría de los guitarristas piensan en el diapasón de la guitarra dividiéndolo en trozos o *posiciones*.

Es común dividir el diapasón en cinco posiciones diferentes de la misma escala. Cada posición tendrá una forma de escala diferente y normalmente las enumeramos como "forma 1", "forma 2", "forma 3", etc.

La forma de escala que hemos venido utilizando hasta ahora es A pentatónica menor-Forma 1:

A Minor Pentatonic Shape 1

A MINOR PENTATONIC SHAPE 1

En este capítulo exploraremos las otras cuatro formas de la escala de A pentatónica menor, miraremos un vocabulario útil para cada una, discutiremos sus ventajas y desventajas y, finalmente, veremos cómo podemos unirlas para realizar ejecuciones que asciendan y desciendan por todo el diapasón.

A pentatónica menor – Forma 2

La forma 2 es una de las posiciones más comúnmente utilizadas para hacer solos. Es posible que hayas oído hablar de la frase "B.B. box", que se refiere a las notas en las dos o tres cuerdas más altas de la forma 2. Es cierto que B.B. King usa esta posición con frecuencia en su forma de tocar y una gran cantidad de frases y vocabulario común del blues se "alojan" allí.

Ejemplo 5a:

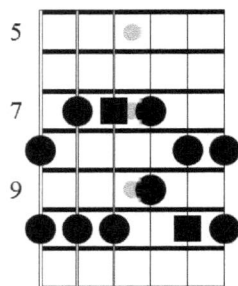

Es importante darse cuenta de que, con este tipo de sistema posicional del diapasón, la forma 1 siempre va a entrelazarse con la forma 2, que a su vez se entrelaza con la forma 3, etc. Deberías ser capaz de ver esto comparando las notas más altas en cada cuerda de la forma 1 con las notas más bajas de cada cuerda de la forma 2. Ellas encajan como un rompecabezas.

Observa también que, a pesar de utilizar una digitación y una forma de escala completamente diferentes, la mayoría de los tonos de la forma 2 son idénticos a los de la forma 1. De hecho, sólo hemos logrado extender el rango de la escala pentatónica menor por un tono en la cuerda superior. En otras palabras, la nota más alta de A pentatónica menor en la forma 1 es un C (8vo traste) y la nota más alta de A pentatónica menor en la forma 2 es un D (10mo traste). Es bueno recordar esto cuando nos obsesionamos con el aprendizaje de una escala por todo el diapasón.

Si vamos a estar tocando las mismas notas y sólo se amplía el rango de la escala por un tono, puede que te estés preguntando para qué sirve aprender todas estas nuevas formas.

La respuesta es que los diferentes patrones de digitación se prestan para diferentes licks, frases y vocabulario.

Los intervalos de la escala pentatónica (fundamental, b3, 4, 5, y b7) se encuentran en diferentes ubicaciones físicas en el diapasón por lo que puede ser más fácil aplicar un bend o manipular los intervalos, lo que quizás no te resultaría cómodo en otras formas.

El tono también es algo a tener en cuenta.

Cuando los mismos tonos caen en cuerdas diferentes su tono real puede ser muy diferente. Por ejemplo, escucha el tono de una nota C tocada en la tercera cuerda y compárala con el tono de la misma C tocada en la cuarta cuerda.

Ejemplo 5b:

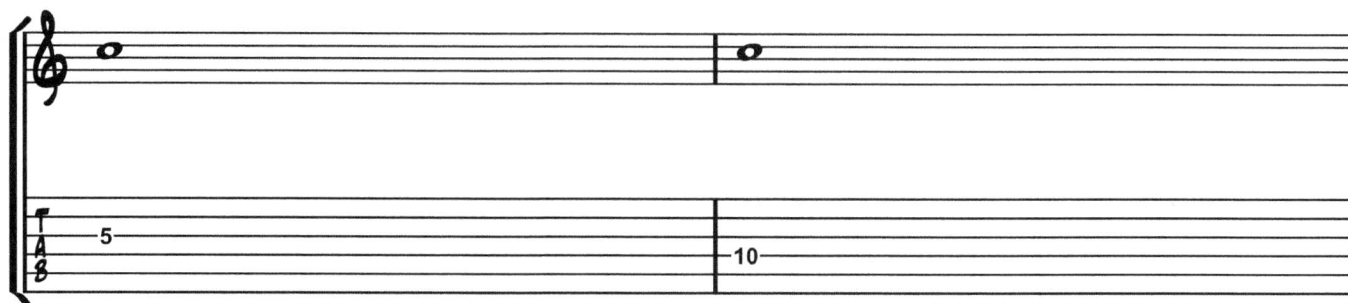

Estoy seguro de que puedes oír la diferencia de tono aquí, por sutil que sea. Esta es una de las razones principales por las cuales utilizamos diferentes formas; una frase idéntica adoptará un tono y un fraseo diferentes cuando utilizamos un patrón de digitación diferente y lo tocamos en cuerdas diferentes. Este tipo de sutilezas son las que nos distinguen como intérpretes individuales, las cuales al combinarse con las técnicas de ritmo y fraseo de los capítulos anteriores, realmente pueden ayudar a crear solos interesantes, únicos e idiomáticos.

Éstos son algunos de los tipos de frases típicas cortas que ocurren a menudo en la forma 2 de la escala pentatónica menor.

Ejemplo 5c:

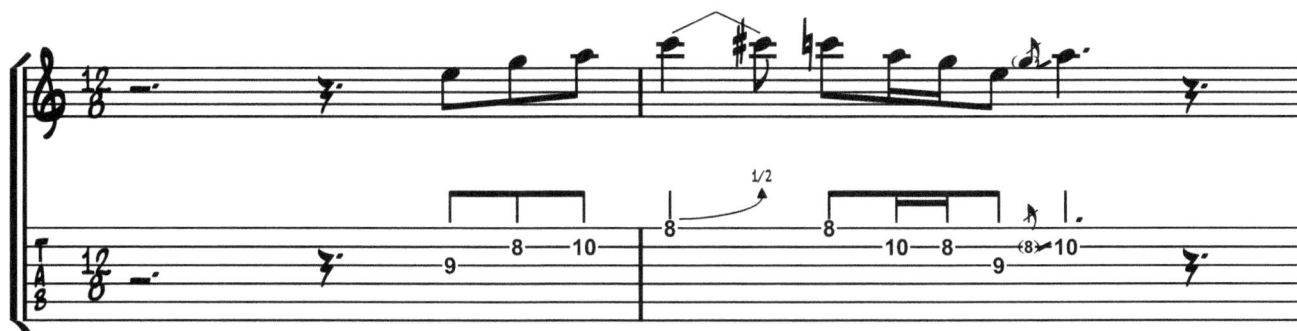

Ejemplo 5d:

Ejemplo 5e:

El ejemplo 5e utiliza la "escala de blues": esto se tratará con más detalle en la *Guía completa para tocar guitarra blues - Tercera parte.*

Por supuesto, esta es sólo una pequeña muestra, pero espero que sea suficiente para relacionarte con la manera idiomática en que la forma 2 se puede usar.

Escoge algunas de tus ideas favoritas de fraseo de entre las descritas anteriormente en el libro y pasa tanto tiempo como puedas generando tus propias ideas en esta nueva posición.

Por último, si deseas involucrarte en el uso de estas formas lo más rápido posible, *transcribe* (¡roba!) las ideas de tus intérpretes favoritos. Si utilizas las técnicas de fraseo de este libro, ¡nadie va a saber jamás de dónde salieron estas líneas!

Mencioné antes que la forma 1 y la forma 2 están entrelazadas. Es muy común cambiar de posición desde la forma 1 hasta la forma 2 utilizando deslizamientos. Aquí hay algunas formas comunes para ascender de la forma 1 a la forma 2.

Ejemplo 5f (a):

Ejemplo 5f (b):

Ejemplo 5f (c):

Estas son sólo algunas ideas para que comiences. Mira cuántas líneas melódicas diferentes puedes encontrar mientras te mueves entre las formas.

Es importante practicar estas formas en muchas otras tonalidades para acostumbrarse a tocarlas en diferentes áreas del diapasón. Encuentra algunas pistas de acompañamiento de blues lento y practica moviéndote entre la forma 1 y 2 en diferentes tonalidades.

A pentatónica menor – Forma 3

La forma 3 es una de mis formas pentatónicas favoritas para explorar. Me gusta experimentar con el patrón simple en las tres cuerdas graves y las oportunidades para aplicar bend a las notas en las tres cuerdas altas. Si estás practicando esta escala de forma ascendente y descendente, usa tu 1er dedo para tocar la nota más baja en cada cuerda y cambia entre los dedos 3ro y 4to para tocar las notas más altas.

En mi opinión, la forma 3 es *un poco* menos usada en general, pero no dejes que eso te desanime. El patrón de digitación genera algunas oportunidades de fraseo maravillosas y únicas.

Ejemplo 5g:

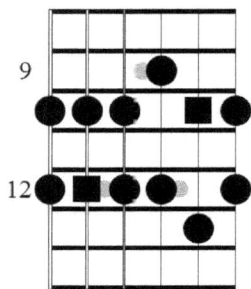

Una vez más, aquí están algunos licks de muestra para ayudarte a encontrar rápidamente algunos puntos útiles para explorar de la forma de escala. Por supuesto, también deberías trabajar para generar tus propios licks y vocabulario en la forma 3 utilizando los conceptos de este libro.

Ejemplo 5h:

Ejemplo 5i:

Ejemplo 5j:

Prueba las siguientes ideas para ayudarte a moverte sin problemas desde la posición 2 a la posición 3:

Ejemplo 5k (a):

Ejemplo 5k (b):

(Escala de blues)

Ejemplo 5k (c):

(Escala de blues)

Trata de unir algunas líneas conectoras para pasar de la forma 1 a través de la forma 2 hasta la forma 3.

A pentatónica menor – Forma 4

La forma 4 es una de las posiciones más utilizadas de la escala pentatónica menor. Tiene muchas similitudes con la forma 1, pero un patrón ligeramente diferente causado por las peculiaridades en la afinación de la guitarra. La forma 4 nos da algunas oportunidades melódicas geniales. Aquí son comunes los *bends unísonos* en particular.

Ejemplo 5l:

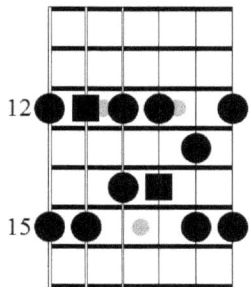

A Minor Pentatonic
Shape 4

Aquí hay algunos licks útiles basados en la forma 4.

Ejemplo 5m:

Ejemplo 5n:

Ejemplo 5o:

Estamos empezando a alcanzar el rango superior de la guitarra cuando utilizamos la forma 4 en la tonalidad de A. Trata de usar esta forma en diferentes posiciones en el diapasón con el fin de escuchar cómo suenan estos licks en diferentes tonalidades.

Éstas son algunas formas de cambiar de posición de la forma 3 a la forma 4 utilizando deslizamientos.

Ejemplo 5p (a):

Ejemplo 5p (b):

Ejemplo 5p (c):

La forma 4 es mi forma de escala favorita cuando hago solos. Se puede obtener mucho beneficio aquí, así que trata de hacer solos exclusivamente con ella por una semana: te sorprenderá la cantidad de licks de blues "estándar" que contiene.

A pentatónica menor – Forma 5

La forma 5 es una posición interesante. En mi opinión puede ser un poco más difícil de usar debido a que las mejores notas para aplicar bend tienden a caer en los dedos débiles. Por otro lado, existen buenas oportunidades para algunos bends de tono y medio, por lo que, con un poco de perseverancia, deberías ser capaz de conseguir algunos resultados útiles. Una cosa común que se puede hacer con esta forma es *deslizarse hacia abajo* a la forma 5 *desde* la forma 1 con el fin de añadir algunas notas graves por debajo de la fundamental.

Así estamos llegando ahora a la parte superior de la guitarra, y he escrito la escala por completo tanto en las octavas más bajas como en las más altas. Aprende a usar la escala en ambas posiciones y transponla a otras tonalidades.

Ejemplo 5q (a):

A Minor Pentatonic
Shape 5

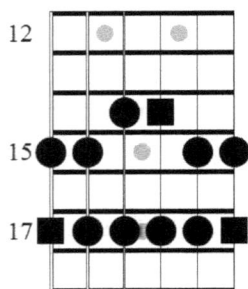

Ejemplo 5q (b):

92

Una vez más, aquí hay algunos licks de "atajo" para ayudarte a encontrar algunas aplicaciones útiles de esta forma de escala.

Ejemplo 5r:

Ejemplo 5s:

Ejemplo 5t:

Los siguientes licks muestran algunos métodos para moverse de la forma 4 a la forma 5:

Ejemplo 5u (a):

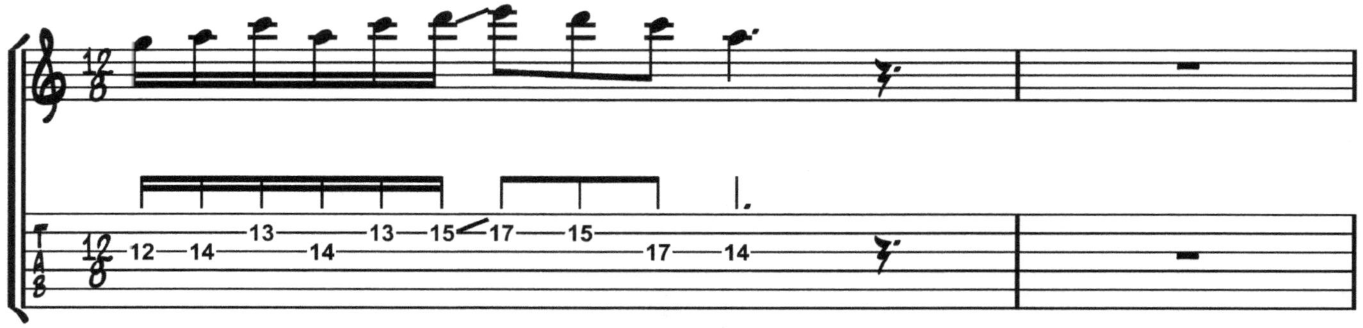

Ejemplo 5u (b):

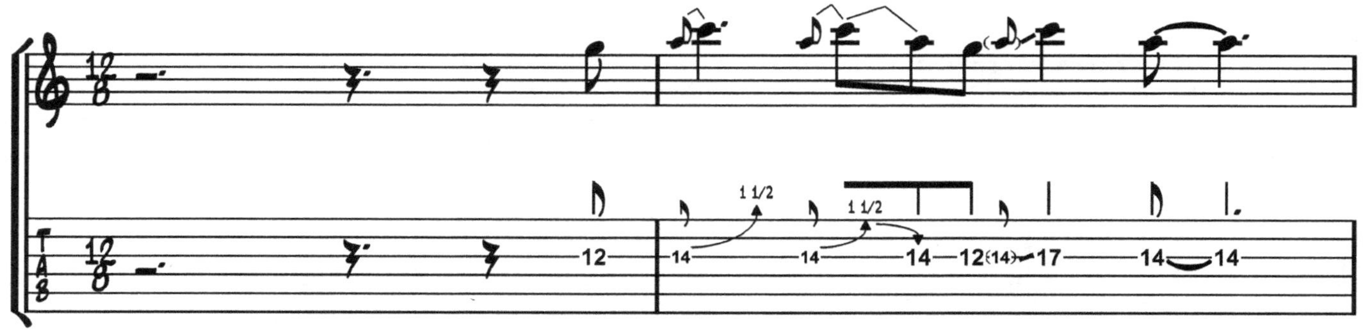

Ejemplo 5u (c):

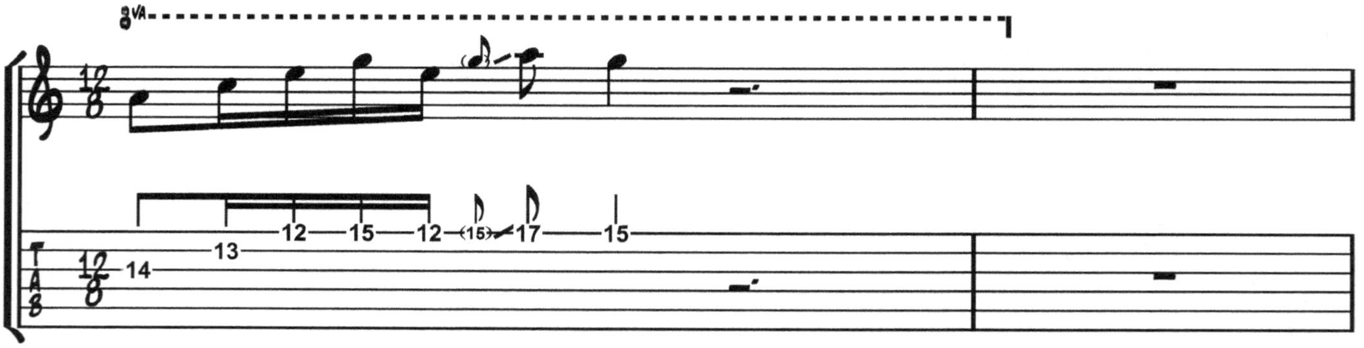

Uniendo formas pentatónicas menores

Ahora que hemos visto el vocabulario y las ideas específicas para cada una de las cinco formas pentatónicas menores, podemos ver algunas ideas comunes para unirlas; desde la parte inferior del diapasón hasta la parte superior.

Como siempre, estas son sólo algunas de las posibilidades así que pasa parte de tu tiempo de práctica mirando cuántas maneras puedes encontrar para moverte entre las diferentes formas en la guitarra.

Ejemplo 5v:

Ejemplo 5w:

Ejemplo 5x:

Conclusiones

La guía completa para tocar guitarra blues - Libro 2, deliberadamente se dispuso para *no* ser un "libro de licks". A pesar de que hay cientos de ejemplos de vocabulario de blues en estas páginas, todos ellos están formados como resultado de la experimentación y la demostración de técnicas específicas de fraseo, rítmicas y melódicas.

He tratado de enseñarte las habilidades que necesitas para superar la necesidad de obtener licks, de manera que cuando hagas solos seas capaz de tocar las líneas que conceptualizas y *sientes* dentro de tu cabeza. Este tipo de control es a lo que la gente se refiere cuando dice "la música fluye a través de ellos"; no hay ninguna barrera entre la música que hay en sus mentes y lo que realmente pueden tocar en sus instrumentos.

Este nivel de libertad en tu instrumento es difícil de lograr, pero es una de las actividades más valiosas de la música. Hacer que una melodía aparezca en tu cabeza e inmediatamente ser capaz de tocarla tal como la oyes es una sensación increíble.

Este tipo de expresión es también un proceso circular: cuanto más estudies ritmo y fraseo (y por supuesto también elección de escala y dar en los cambios de acordes - esto será cubierto en el libro tres), más despertarán tus oídos a miles de nuevas posibilidades melódicas. En la mayoría de los idiomas, no puedes agregar una palabra a tu propio vocabulario a menos que la hayas escuchado o leído antes en alguna parte. Ahora nuestra ventaja es que la práctica enfocada del ritmo, el fraseo y la creatividad te *ayudará a inventar tus propias palabras*.

En este libro te he dado las herramientas para crear tu propio dialecto dentro del lenguaje establecido del blues. Si trabajas en un solo concepto durante el tiempo suficiente, siempre se te ocurrirán formas nuevas y personales para tocarlo. Cuando hayas estudiado tres o cuatro ideas, van a empezar a combinarse y a generar muchas nuevas posibilidades exponenciales.

Por favor no pienses que estoy descartando el aprendizaje de los licks, no lo hago en absoluto. Para mejorar nuestras habilidades de escritura y vocabulario leemos las obras de los demás, y lo mismo se aplica en la música. La forma más rápida de sonar como Jimi Hendrix es transcribir y aprender la música de Jimi Hendrix. Todo lo que estoy sugiriendo es que si elegimos aprender sus ideas, deberíamos apropiarlas a través del uso del fraseo y la interpretación personal.

Realmente espero que hayas disfrutado de este libro y que lo veas como un nuevo enfoque a los solos melódicos. Las ideas contenidas aquí no solo se aplican al blues; son aplicables a cualquier tipo de música. Por favor, tómalas y marcha con ellas.

Joseph

www.fundamental-changes.com

No olvides el apéndice en la parte posterior de este libro para ayudarte a desarrollar tus técnicas de vibrato y de bending.

Si te gusta este libro, por favor deja tu opinión en Amazon.

Apéndice A: Bends afinados

Los siguientes ejercicios fueron tomados de mi libro **Técnica completa para guitarra moderna**

Bending

Aplicar bending a las notas con la entonación perfecta es probablemente la habilidad que realmente diferencia a los profesionales de los aficionados. Aparte de un buen ritmo, la entonación perfecta es la principal prioridad que doy a mis alumnos cuando empiezan a tocar la guitarra rock, porque nada arruina un solo más de un bend fuera de tono.

Una vez más, es vital que aprendamos a aplicar bends con precisión con cada dedo, y tus dedos 2do, 3ro y 4to deben ser capaces de ejecutar bends de hasta *un tono y medio*.

Para aplicar bend a una nota en la guitarra, siempre debes apoyar el dedo que hace el bend en cualquier dedo libre atrás de él. En otras palabras, si estás haciendo bend en una nota en la 3ra cuerda, 7mo traste, con tu 3er dedo, el 2do dedo (e incluso también el 1ro) también debe estar en la cuerda para dar fuerza y control.

La idea detrás de todos los ejemplos de este capítulo es tocar una nota de referencia, descender por la cuerda unos cuantos trastes, y luego aplicar bend para alcanzar de nuevo la nota de referencia. Trata esto como un ejemplo sonoro; buscas que la nota que haces con bend suene exactamente igual que el tono de referencia.

Prueba los siguientes tres ejemplos con diferentes dedos en cada bend. Realiza cada línea de cuatro veces, la primera vez haz el bend con el primer dedo, luego el segundo etc. Cuando estés en la línea tres, no te preocupes por hacer el bend con el 1er dedo.

Ejemplo 6a:

Ejemplo 6b:

TONE BENDS

Ejemplo 6c:

TONE-AND-A-HALF BENDS

Comienza los ejemplos haciendo bending muy lentamente hacia el tono, esto te dará tiempo para *escuchar* si estás en el tono. También desarrolla control y fuerza en los dedos de la mano del diapasón.

Poco a poco, aumenta la velocidad a la que haces el bend para alcanzar la nota. Si puedes lograrlo a la perfección con un bend inmediato y rápido, ya sabes que lo tienes.

Pre-bends

Un pre-bend es esencialmente una bend invertido. Aplica bend a la nota en el tono deseado antes de puntear y suelta el bend. La notación de los pre-bends es como sigue:

Ejemplo 6d:

Para practicar esta técnica extremadamente expresiva, vuelve a los ejemplos 6a – c y modifícalos para incluir pre-bends de la siguiente manera:

Ejemplo 6e:

Haz esto con todos los dedos y en todas las amplitudes de bending.

Bends unísonos

Los bends unísonos ocurren cuando tocas dos notas juntas en cuerdas adyacentes. A la nota más alta normalmente no se le hace bend, mientras que a la nota inferior sí se le aplica para que suene idéntica a la nota superior. Jimi Hendrix y Jimi Page usaron esta técnica de forma excelente.

Estos bends son bastante difíciles de ejecutar en una guitarra de trémolo Floyd Rose y siempre estará ligeramente fuera de tono debido a la naturaleza misma del mecanismo, pero con un poco de vibrato, los errores de entonación pueden ser ligeramente cubiertos.

Un bend unísono se anota de esta manera:

Ejemplo 6f:

Prueba los siguientes ejemplos para desarrollar control y precisión:

Ejemplo 6g:

Bends de doble cuerda

Una doble cuerda es simplemente el acto de tocar dos notas al mismo tiempo. Un bend de doble cuerda ocurre cuando aplicas bend a las dos notas. Esta es una técnica muy común en el blues y el rock.

Para tocar un bend de doble cuerda, coloca el dedo acostado, como se describe en la sección de vibrato, con la uña apuntando hacia ti. Sin embargo, esta vez, pon tu dedo en barra a lo largo de dos cuerdas adyacentes. Para hacer el bend, gira la muñeca de la misma manera que en el vibrato, pero hazlo sólo una vez y despacio a medida que punteas ambas cuerdas. Esto se muestra en el siguiente ejemplo:

Ejemplo 6h:

Intenta hacerlos por todo el mástil.

Apéndice B: El vibrato

En mi opinión, el vibrato es uno de los dos efectos expresivos más importantes. Le da a tus frases una calidad vocal y hace que tu música cante. Hay muchos tipos, pero aquí nos centraremos sólo en dos, *axial* y *radial*.

El vibrato axial ocurre cuando tiras rápida y repetidamente de la cuerda un poco hacia el sostenido de la nota correspondiente, *paralelamente* a la cuerda de la guitarra.

El vibrato radial es más similar a hacer un bend; la muñeca se mueve en una dirección perpendicular a la cuerda de la guitarra, utilizando un dedo como pivote en la parte inferior del mástil. Esto es más difícil, pero da resultados muy valiosos.

Vibrato axial

Para crear vibrato axial, simplemente presiona firmemente una nota pulsada y, asegurándote de que tu muñeca esté relajada, mueve la muñeca rápidamente hacia atrás y hacia delante en paralelo al mástil. A menudo, el pulgar se soltará rápidamente de la parte posterior del mástil para ayudar a la velocidad del movimiento de la muñeca. Este movimiento, combinado con la presión que colocas con la punta del dedo, tira repetidamente la cuerda ligeramente hacia el sostenido de la nota correspondiente antes de soltarla. Ésta es una técnica fácil para añadir vitalidad y dinamismo a tu música cada vez que hay una nota más larga y sostenida.
Este es un efecto sutil, y es importante practicarlo con cada dedo de la mano del diapasón. En realidad, es mucho más difícil de producir buen vibrato con el 4to dedo que con el 1er.

Aquí hay un ejercicio para desarrollar un buen vibrato axial:

Ejemplo 6i:

Recuerda que debes intentar quitar el dedo pulgar de la parte posterior del mástil para que la muñeca se mueva rápidamente y de manera uniforme hacia atrás y hacia adelante.

Además, intenta moverte de vibrato lento a rápido, y luego volver al lento para un efecto adicional. Esto se demuestra en ejemplo de audio 34a parte 2.

Prueba el ejemplo anterior, en diferentes partes del mástil y en diferentes cuerdas. Verás que se sienten diferentes y requieren diferentes tipos de control.

Añade este tipo de vibrato a cualquier frase musical o lick que conozcas. Ten en cuenta el tempo y el patrón rítmico de la canción; es posible que quieras sincronizar el vibrato en corcheas, semicorcheas o fusas.

Vibrato radial

El vibrato radial es una técnica más difícil; crea un vibrato *mucho* más amplio, que a menudo puede ser de hasta un tono de amplitud. Algunos guitarristas llegan incluso a agregar vibrato de un tono y medio de amplitud cuando tocan hard rock y fusión.

Con el vibrato radial debemos alterar en gran medida la posición de la mano en el mástil para que podamos *hacer un bend* en la nota deseada, hacia arriba y abajo rápidamente. Esto implica el uso de la parte *exterior* del dedo en la cuerda, (de modo que tus uñas apuntan en dirección del mástil hacia tu cuerpo), y utilizando el primer dedo como una palanca o *pivote* contra la cara inferior del mástil para ayudar a hacer bends rápidos y repetidos.

Imagínate girando la perilla de la puerta, o la Reina de Inglaterra saludando con la mano, y tendrás la idea.

El vibrato radial es una técnica individual que tiende a ser única para cada guitarrista, sin embargo voy a describir el método que me da los mejores resultados. Es posible que desees modificar los siguientes pasos que aplican vibrato en el 1er dedo como mejor te parezca. El objetivo final es lograr la capacidad de ejecutar vibrato de *un tono de amplitud* con *cada* dedo de la mano del diapasón.

1) Escucha y mantén la nota deseada. Trata tocando el 7mo traste en la 3ra cuerda, con tu dedo índice.
2) Gira la muñeca *hacia afuera*, de forma que en vez de tocar a la nota con la punta del dedo, toques con el lado. Empujar el codo hacia fuera (aparte de ti), también ayudará.
3) La uña de tu dedo índice ahora debe estar apuntando a lo largo de la cuerda hacia tu cuerpo.
4) Empuja el índice hacia arriba, de modo que toque la parte inferior del mástil. Debe conectarse con el mástil justo debajo del nudillo en la primera de tus tres falanges del dedo. (La más cercana a la palma de la mano)
5) Deja que el pulgar se deslice hacia la parte superior del mástil y relaja la muñeca, así los dedos que no se usan caen y se abren en abanico ligeramente.
6) Usando índice ya colocado como pivote, gira la muñeca *hacia fuera* para hacer un bend en la cuerda hacia abajo, hacia el suelo, halándola ligeramente fuerte.
7) Relaja la presión de la muñeca y de la mano para dejar que la cuerda vuelva de nuevo a su posición inicial.
8) Repite tantas veces como puedas.

Al principio no moverás la cuerda muy lejos y puede que te empiece a doler la parte lateral del dedo muy pronto. Cuando esto ocurra, toma un descanso.

A medida que te haces más fuerte y la piel se vuelve más dura, serás capaz de mover la cuerda más lejos y más rápidamente. La clave de todo esto, es utilizar siempre el *lado* del dedo, y siempre tener un dedo pivotante bajo el mástil.

Me gusta construir redundancia en mi forma de tocar, así que me paso el tiempo practicando la aplicación de bends mucho más amplios de lo que haría en realidad. Si puedes trabajarlos hasta llegar a un vibrato de un tono y medio, entonces lo estás haciendo muy bien. En mi forma de tocar, normalmente utilizo un semitono.

Los siguientes ejemplos te ayudarán a desarrollar fuerza, profundidad y velocidad en el vibrato, en todos los dedos.

Ejemplo 6j:

Ejemplo 6k:

Ejemplo 6l:

Ejemplo 6m:

* Es difícil e inusual colocar el 4to dedo de lado de la misma manera que los otros dedos. De todas formas debes girarlo un poco, pero usa los otros dedos colocados en la cuerda detrás de él para agregar fuerza y apoyo.

El vibrato es una técnica difícil que puede tomar más tiempo para desarrollarse que las otras habilidades de este libro. Trata de pasar cinco minutos todos los días trabajando en tu profundidad, velocidad y coordinación con cada dedo.

Prueba las ideas en esta sección en diferentes grupos de cuerdas, y en diferentes posiciones en la guitarra. El vibrato es mucho más difícil hacia los trastes más bajos.

Otros libros de Fundamental Changes

Guía completa para tocar guitarra blues - Libro 1: Guitarra rítmica

Guía completa para tocar guitarra blues - Libro 3: Más allá de las pentatónicas

Guía completa para tocar guitarra blues - Compilación

El sistema CAGED y 100 licks para guitarra blues

Cambios fundamentales en guitarra jazz: ii V I mayor

Dominio del ii V menor para guitarra jazz

Solos de jazz blues para guitarra

Escalas de guitarra en contexto

Acordes de guitarra en contexto - Parte 1

Dominio de los acordes en guitarra jazz (Acordes de guitarra en contexto - Parte 2)

Técnica completa para guitarra moderna

Dominio de la guitarra funk

Teoría, técnica y escalas - Compilación completa para guitarra

Dominio de la lectura a primera vista para guitarra

El sistema CAGED y 100 licks para guitarra rock

Guía práctica de la teoría musical moderna para guitarristas

Lecciones de guitarra para principiantes: Guía esencial

Solos en tonos de acorde para guitarra jazz

Guitarra rítmica en el heavy metal

Guitarra líder en el heavy metal

Solos pentatónicos exóticos para guitarra

Continuidad armónica en guitarra jazz

Solos en jazz - Compilación completa

Compilación de acordes para guitarra jazz

Fingerstyle en la guitarra blues

Solos en rock melódico para guitarra

Pop y rock para ukulele: Rasgueo